城市居住区业主
房屋法规快速读本

费振美　编著

中国建筑工业出版社

图书在版编目(CIP)数据

城市居住区业主房屋法规快速读本/费振美编著.
北京：中国建筑工业出版社，2014.9
ISBN 978-7-112-17147-7

Ⅰ.①城… Ⅱ.①费… Ⅲ.①物权法-汇编-中国
Ⅳ.①D923.29

中国版本图书馆CIP数据核字(2014)第186742号

责任编辑：郑淮兵 马 彦
责任设计：董建平
责任校对：姜小莲 刘梦然

城市居住区业主
房屋法规快速读本
费振美 编著

*

中国建筑工业出版社出版、发行（北京西郊百万庄）
各地新华书店、建筑书店经销
北京红光制版公司制版
环球印刷（北京）有限公司印刷

*

开本：850×1168毫米 1/32 印张：6⅜ 字数：170千字
2014年10月第一版 2014年10月第一次印刷
定价：**20.00**元
ISBN 978-7-112-17147-7
(25864)

版权所有 翻印必究
如有印装质量问题，可寄本社退换
(邮政编码100037)

目 录

1. 说明 1
2. 基本术语 2
   - 2.1 房地产术语 2
   - 2.2 规程规范术语 4
   - 2.3 物业管理术语 7
3. 引用法律法规、规程规范名称 9
4. 住宅工程设计和验收 18
   - 4.1 设计要求 18
   - 4.2 住宅工程质量验收 38
5. 房地产交易 46
   - 5.1 房地产交易一般规定与方式 46
   - 5.2 商品房销售 49
   - 5.3 商品房预售 60
   - 5.4 商品房销售、交付与物业管理衔接 65
   - 5.5 房屋建筑面积 77
   - 5.6 商品房租赁 81
6. 国有土地上房屋征收与补偿 85
   - 6.1 国有土地上房屋征收与补偿 85
   - 6.2 国有土地上房屋征收评估 90
7. 物权及房地产权属登记 94
   - 7.1 物权 94
   - 7.2 房地产权属登记 101
8. 住宅室内装饰装修 111
   - 8.1 装饰装修管理 111
   - 8.2 装饰装修施工 119

9 物业管理 ······ 124
  - 9.1 建设单位相关工作 ······ 124
  - 9.2 物业服务企业相关工作 ······ 128
  - 9.3 建设单位与物业服务企业物业共同查验 ······ 132
  - 9.4 物业的使用与维护 ······ 135
  - 9.5 物业管理规约 ······ 140
  - 9.6 物业服务收费 ······ 140
  - 9.7 住宅专项维修资金 ······ 145
  - 9.8 电梯工程 ······ 153
  - 9.9 抗震减灾 ······ 163
  - 9.10 消防 ······ 165
  - 9.11 环境保护 ······ 167
  - 9.12 市政工程 ······ 171

10 业主、业主大会和业主委员会 ······ 175
  - 10.1 业主 ······ 175
  - 10.2 业主大会 ······ 177
  - 10.3 业主委员会 ······ 183
  - 10.4 业主大会、业主委员会及指导和监督 ······ 188

11 行政管理 ······ 192
  - 11.1 行政部门管理、指导和监督 ······ 192

1 说 明

随着国民经济的发展、房地产事业的兴起，居住小区在城市迅速建设起来，随之而来的小区物权、物业等纠纷也日益增多。究其原因，小区业主及有关方面对住宅的建设、使用、物权、物业管理等知识缺乏较系统了解是一个重要因素。本书试图介绍一些这方面的法律法规、规程规范知识，或许对化解小区矛盾有一定作用。

本书内容直接引用法律法规、规程规范条文，以便让读者能直接了解原始文件意义。引用条文以"……"表示，字体为宋体。同时加以作者认为必要的说明，以求对读者理解原文有所帮助，凡"按：……"的内容，均为作者说明或理解，字体为正楷。

在引用法律法规、规程规范术语时其中的外文取消。

所引用的法律法规、规程规范文件全称、来源、时效等，见"3 引用法律法规、规程规范名称"。文件编排顺序以在书中首次出现为准。

凡引用文件中的工程建设标准强制性条文均以下划线表示，其内容是工程建设现行国家和行业标准中规定的直接涉及人民生命财产安全、人身健康、环境保护和其他公众利益的，同时考虑了提高经济效益和社会效益等方面的要求，必须严格执行。

本书引用的法律法规、规程规范皆为国家标准和行业标准，执行时尚须结合地方标准。

作者

2014 年 6 月

2 基 本 术 语

2.1 房地产术语

2.1.1 《房地产业术语》规定：
"2.0.1 房地产

可开发的土地及其地上定着物、建筑物，包括物质实体和依托于物质实体上的权益。

2.0.2 不动产

依自然性质或法律规定不可移动的土地、土地定着物、与土地尚未脱离的土地生成物、因自然或者人力添附于土地并且不能分离的其他物。包括物质实体和依托于物质实体上的权益。"

"2.0.7 房地产业

从事房地产投资、开发、经营、管理和服务的产业。

2.0.8 房地产所有权

房地产权属所有人依照法律、法规规定对其所有的房地产享有占有、使用、收益、处分的权利。"

"2.0.13 房地产开发

按照城市建设总体规划和社会经济发展的要求，在国有土地上进行基础设施建设、房屋建设，并转让房地产开发项目或者销售、出租商品房的行为。"

"2.0.15 房地产交易

土地出让、房地产转让、抵押、租赁、典当等房地产市场行为。"

"3.0.2 房地产权利人

拥有土地的使用权及其上的房屋所有权的产权人。"

"3.0.8 房地产转移登记

房地产因买卖、交换、赠与、继承、划拨、转让、分割、合并、判决等原因致使其权属发生转移的当事人，应当申请房地产权属情况变化后的转移登记。"

"3.0.20　房地产测绘

　　通过把房地产要素图示化，绘制符合规范要求的图、表，准确地反映房地产权属状况和自然资源状况，为核实房地产权属提供依据的活动。"

"6.0.1　商品房

　　由房地产开发企业综合开发，以建成后出售或出租为目的建设的住宅、商业用房以及其他建筑物。

6.0.2　经济适用房

　　国家为保障中低收入家庭住房的需求，在用地及税费方面予以政策扶持，由各级建设行政主管部门组织实施建设的普通住宅。

6.0.3　廉租屋

　　政府（单位）在住房领域实施社会保障职能，向具有本市非农业常住户口的最低收入家庭和其他需保障的特殊家庭提供的租金补贴或者以低廉租金配租的具有社会保障性质的普通住宅。"

"6.0.5　住房公积金

　　根据国家房改政策，对在职职工建立的一项具有一定强制性的住房储蓄制度。在职工工作年限内，由职工及其所在单位，按月交存一定数额的资金，全部归职工个人所有，专项用于住房支出。"

"7.0.8　房地产按揭

　　以所购房地产作抵押物，采用抵押贷款方式取得购买房地产的资金。"

"7.0.18　房地产估价

　　专业估价人员根据估价目的，遵循估价原则，按照估价程序，选用适宜的估价方法，并在综合分析影响房地产价格因素的基础上，对房地产在估价时点的客观合理价格或价值进行估算和判定的活动。"

2.2 规程规范术语

2.2.1 《城市居住区规划设计规范》GB 50180—93 规定：
"**2.0.1 城市居住区**

一般称居住区，泛指不同居住人口规模的居住生活聚居地和特指城市干道或自然分界线所围合，并与居住人口规模（30000～50000 人）相对应，配建有一整套较完善的、能满足该区居民物质与文化生活所需的公共服务设施的居住生活聚居地。

2.0.2 居住小区

一般称小区，是指被城市道路或自然分界线所围合，并与居住人口规模（10000～15000 人）相对应，配建有一套能满足该区居民基本的物质与文化生活所需的公共服务设施的居住生活聚居地。

2.0.3 居住组团

一般称组团，指一般被小区道路分隔，并与居住人口规模（1000～3000 人）相对应，配建有居民所需的基层公共服务设施的居住生活聚居地。"

"**2.0.13 配建设施**

与人口规模或与住宅规模相对应配套建设的公共服务设施、道路和公共绿地的总称。"

"**2.0.32a 停车率**

指居住区内居民汽车的停车位数量与居住户数的比率（%）。

2.0.32b 地面停车率

居民汽车的地面停车位数量与居住户数的比率（%）。"

2.2.2 《民用建筑设计通则》GB 50352—2005 规定：
"**2.0.1 民用建筑**

供人们居住和进行公共活动的建筑的总称。"

"**2.0.7 道路红线**

规划的城市道路（含居住级道路）用地的边界线。

2.0.8 用地红线

各类建筑工程项目用地的使用权属范围的边界线。

2.0.9 建筑控制线

有关法规或详细规划确定的建筑物、构筑物的基底位置不得超出的界线。

2.0.10 建筑密度

在一定范围内，建筑物的基底面积总和与占用地面积的比例（％）。

2.0.11 容积率

在一定范围内，建筑面积总和与用地面积的比值。"

（按：容积率越低，人们居住舒适度越高。但由于容积率决定地价成本在房屋中所占的比例，对于开发商而言，不希望容积率偏低。）

"**2.0.13 日照标准**

根据建筑物所处的气候区、城市大小和建筑物的使用性质确定的，在规定的日照标准日（冬至日或大寒日）的有效日照时间范围内，以底层窗台面为计算起点的建筑外窗获得的日照时间。

2.0.14 层高

建筑物各层之间以楼、地面面层（完成面）计算的垂直距离，屋顶层由该层楼面面层（完成面）至平屋面的结构面层或至坡顶的结构面层与外墙外皮延长线的交点计算的垂直距离。

2.0.15 室内净高

从楼、地面面层（完成面）至吊顶或楼盖、屋盖底面之间的有效使用空间的垂直距离。"

（按：室内净高应按楼地面完成面至吊顶或楼板或梁底面之间的垂直距离计算；当楼盖、屋盖的下悬构件或管道底面影响有效使用空间时，应按楼地面完成面至下悬构件下缘或管道底面之间的垂直距离计算。）

2.2.3 《住宅建筑规范》GB 50368—2005 规定：

"**2.0.5 <u>无障碍通路</u>**

住宅外部的道路、绿地与公共服务设施等用地内的适合老年人、体弱者、残疾人、轮椅及童车等通行的交通设施。
2.0.6 绿地
居住用地内公共绿地、宅旁绿地、公共服务设施所属绿地和道路绿地（即道路红线内的绿地）等各种形式绿地的总称，包括满足当地植树绿化覆土要求、方便居民出入的地下或半地下建筑的屋顶绿地，不包括其他屋顶、晒台的绿地及垂直绿化。
2.0.7 公共绿地
满足规定的日照要求、适合于安排游憩活动设施的、供居民共享的集中绿地。
2.0.8 绿地率
居住用地内各类绿地面积的总和与用地面积的比率（％）。"

"**2.0.14 设计使用年限**
设计规定的结构或结构构件不需进行大修即可按其预定目的使用的时期。"

（按：民用建筑设计使用年限主要指建筑主体结构设计使用年限。住宅建筑设计使用年限为50年。）

2.2.4 《住宅设计规范》GB 50096—2011 规定：
"**2.0.2 套型**
由居住空间和厨房、卫生间等共同组成的基本住宅单位。
2.0.3 居住空间
卧室、起居室（厅）的统称。"

"**2.0.8 使用面积**
房间实际能使用的面积，不包括墙、柱等结构构造的面积。"

"**2.0.16 跃层住宅**
套内空间跨越两个楼层且设有套内楼梯的住宅。"

"**2.0.22 住宅单元**
由多套住宅组成的建筑部分，该部分内的住户可通过共用楼梯和安全出口进行疏散。"

"**2.0.25 附建公共用房**

附于住宅主体建筑的公共用房，包括物业管理用房、符合噪声标准的设备用房、中小型商业用房、不产生油烟的餐饮用房等。"

2.2.5 《建筑抗震设计规范》GB 50011—2010 规定：

"**2.1.1 抗震设防烈度**

按国家规定的权限批准作为一个地区抗震设防依据的地震烈度。一般情况，取 50 年内超越概率 10% 的地震烈度。"

（按：在建设单位提供的有关销售资料中有建筑物抗震设防烈度一项，大多数业主对此概念不清楚，有的把地震烈度和震级混为一谈，甚至还有售楼小姐将建筑物 7 度设防说成可抵抗 7 级地震。因此，这里就地震和建筑物抗震等有关概念做简单说明。

震源、震中和震源深度：地震发生的地方叫"震源"；震源正对着的地面，或者说震源在地表的投影称"震中"；震源至地面的垂直距离称"震源深度"。

震级和烈度：震级是地震发生的强度的一种度量，是通过地震仪记录到的地震波能量大小计算得到的，地震越强，震级就越大。震级表示地震本身的强弱。震级相差一级，能量相差约 30 倍；烈度表示同一次地震在其所波及的各个地点所造成的影响程度。

烈度和震级关系见下表。

震中烈度和震级关系表

震中烈度	1	2	3	4	5	6	7	8	9	10	11	12
震级	1.9	2.5	3.1	3.7	4.3	4.9	5.5	6.1	6.7	7.3	7.9	8.5

一次地震只有一个震级，但可有多个烈度，表中震级所对应的为震中烈度。）

2.3 物业管理术语

1 物业管理

《物业管理条例》规定："第二条 本条例所称物业管理，是指业主通过选聘物业服务企业，由业主和物业服务企业按照物业服务合同约定，对房屋及配套的设施设备和相关场地进行维修、养护、管理，维护物业管理区域内的环境卫生和相关秩序的活动。"

2 物业承接查验

《物业承接查验办法》规定："第二条 本办法所称物业承接查验，是指承接新建物业前，物业服务企业和建设单位按照国家有关规定和前期物业服务合同的约定，共同对物业共用部位、共用设施设备进行检查和验收的活动。"

3 住宅专项维修资金

《住宅维修资金》规定："第二条……本办法所称住宅专项维修资金，是指专项用于住宅共用部位、共用设施设备保修期满后的维修和更新、改造的资金。"

3 引用法律法规、规程规范名称

1 《房地产业基本术语标准》JGJ/T 30—2003（按：简称《房地产业术语》，国家行业标准，2003年3月17日建设部批准，自2003年6月1日起施行）

2 《城市居住区规划设计规范》GB 50180—93（按：国家标准，1993年7月16日建设部、国家技术监督局联合发布，自1994年2月1日起施行；2002年3月11日建设部批准修改，自2002年4月1日起施行）

3 《民用建筑设计通则》GB 50352—2005（按：国家标准，2005年5月9日建设部、国家质检总局联合发布，自2005年7月1日起施行）

4 《住宅建筑规范》GB 50368—2005（按：国家标准，2005年11月30日建设部、国家质检总局联合发布，自2006年3月1日起施行）

5 《住宅设计规范》GB 50096—2011（按：国家标准，2011年7月26日住房城乡建设部、国家质检总局联合发布，自2012年8月1日起施行）

6 《建筑抗震设计规范》GB 50011—2010（按：国家标准，2010年5月31日住房城乡建设部、国家质检总局联合发布，自2010年12月1日起施行）

7 《物业管理条例》（按：2003年6月8日国务院令第379号公布，自2003年9月1日起施行；根据2007年8月26日《国务院关于修改〈物业管理条例〉的决定》修订，自2007年10月1日起施行）

8 《物业承接查验办法》（按：2010年10月14日住房城乡建设部发布，建房[2010]165号，自2011年1月1日起施行）

9 《住宅专项维修资金管理办法》（按：简称《住宅维修资金》，2007年12月4日建设部、财政部令第165号发布，自2008年2月1日起施行）

10 《中华人民共和国城乡规划法》（按：简称《城乡规划法》，2007年10月28日第十届全国人大常委会第三十次会议通过，2007年10月28日中华人民共和国主席令第七十四号公布，自2008年1月1日起施行）

11 《关于进一步规范住宅小区及商住楼通信管线及通信设施建设的通知》（按：简称《关于通信管线及通信设施的通知》，建设部、信息产业部联合发布，信部联规〔2007〕24号，自2007年1月15日起施行）

12 《住房城乡建设部、工业和信息化部关于贯彻落实光纤到户国家标准的通知》（按：简称《关于光纤到户的通知》，2013年3月11日住房城乡建设部、工业和信息化部建标〔2013〕36号发布，自2013年3月11日起施行）

13 《无障碍环境建设条例》（按：简称《无障碍条例》，2012年6月28日国务院令第622号公布，自2012年8月1日起施行。）

14 《无障碍设计规范》（GB 50763—2012）（按：国家标准，2012年3月30日住房城乡建设部、国家质检总局联合发布，自2012年9月1日起施行）

15 《关于进一步强化住宅工程质量管理和责任的通知》（按：简称《强化住宅质量》，住房城乡建设部发布，建市〔2010〕68号，自2010年5月4日起施行）

16 《关于做好住宅工程质量分户验收工作的通知》（按：简称《住宅分户验收》，住房城乡建设部发布，建质〔2009〕291号，自2009年12月22日起施行）

17 《城市住宅小区竣工综合验收管理办法》（按：简称《小区竣工综合验收》，建设部发布，建监〔1993〕814号，自1993年12月1日起施行）

18 《房屋建筑工程质量保修办法》（按：简称《房屋质量保修》，建设部令第 80 号发布，自 2000 年 6 月 30 日起施行）

19 《建设工程质量投诉处理暂行规定》（按：简称《工程质量投诉》，建设部发布，建监［1997］60 号，自 1997 年 4 月 2 日起施行）

20 《中华人民共和国城市房地产管理法》（按：简称《房地产管理法》，1994 年 7 月 5 日第八届全国人大常委会第八次会议通过，自 1995 年 1 月 1 日起施行；根据 2007 年 8 月 30 日第十届全国人大常委会第二十九次会议《关于修改〈中华人民共和国城市房地产管理法〉的决定》第一次修正，自 2007 年 8 月 30 日起施行；根据 2009 年 8 月 27 日第十一届全国人大常委会第十次会议《关于修改部分法律的决定》第二次修正，自 2009 年 8 月 27 日起施行）

21 《商品房销售管理办法》（按：简称《商品房销售》，2001 年 4 月 4 日建设部令第 88 号公布，自 2001 年 6 月 1 日起施行）

22 《商品房销售明码标价规定》（按：简称《商品房明码标价》，2011 年 3 月 16 日国家发改委发布，发改价格〔2011〕548 号，自 2011 年 5 月 1 日起施行）

23 《房地产广告发布暂行规定》（按：简称《房地产广告》，1996 年 12 月 30 日国家工商局令第 71 号公布，自 1997 年 2 月 1 日起施行；1998 年 12 月 3 日国家工商局令第 86 号修订，自 1998 年 12 月 3 日起施行）

24 《最高人民法院关于审理商品房买卖合同纠纷案件适用法律若干问题的解释》（按：简称《商品房买卖合同纠纷解释》，2003 年 3 月 24 日最高人民法院审判委员会 1267 次会议通过，2003 年 4 月 28 日公布，法释［2003］7 号，自 2003 年 6 月 1 日起施行）

25 《城市商品房预售管理办法》（按：简称《商品房预售》，1994 年 11 月 15 日建设部令第 40 号公布，自 1995 年 1 月

1日起施行；2004年7月20日建设部令第131号修正，自2004年7月20日起施行）

26 《城市房屋白蚁防治管理规定》（按：简称《白蚁防治规定》，1999年10月15日建设部令第72号发布，自1999年11月1日起施行；2004年7月20日建设部令第130号修正，自2004年7月20日起施行）

27 《民用建筑节能条例》（按：2008年8月1日国务院令第530号公布，自2008年10月1日起施行）

28 《住房和城乡建设部关于进一步加强房地产市场监管完善商品住房预售制度有关问题的通知》（按：简称《完善商品房预售制度》，住房城乡建设部建房［2010］53号发布，自2010年4月13日起施行）

29 《商品住宅实行住宅质量保证书和住宅使用说明书制度的规定》（按：简称《住宅保证书和说明书制度》，建设部建房［1998］102号发布，自1998年9月1日起施行）

30 《关于加强商品房销售、房改售房与物业管理衔接工作的通知》（按：简称《商品房销售与物业管理衔接》，建设部建房字第219号文发布，自1997年8月29日施行）

31 《业主临时公约（示范文本）》（按：简称《业主临时公约》，建设部建住房［2004］156号发布，自2004年9月6日起施行。2007年8月26日颁布的《国务院关于修改〈物业管理条例〉的决定》规定，根据《中华人民共和国物权法》的有关规定，将"物业管理企业"修改为"物业服务企业"，将"业主公约"修改为"管理规约"，将"业主临时公约"修改为"临时管理规约"，为保持原文件的既有状态，引用时未作修改，以下同此）

32 《关于建筑面积计算标准问题请示的复函》（按：简称《关于建筑面积问题的复函》，住房城乡建设部对青岛市国土资源和房屋管理局《关于建筑面积计算标准问题的请示》的复函，建房市函［2010］45号，自2010年5月25日施行）

33　《房产测量规范》GB/T 17986.1—2000《第1单元：房产测量规定》（按：简称《房产测量》，国家质量技术监督局2000年2月22日发布，自2000年8月1日起施行）

34　《房产测绘管理办法》（按：2000年12月28日建设部、国家测绘局令第83号发布，自2001年5月1日起施行）

35　《商品房屋租赁管理办法》（按：简称《商品房租赁》，2010年12月1日住房城乡建设部令6号发布，自2011年2月1日起施行）

36　《中华人民共和国治安管理处罚法》（按：简称《治安处罚法》，2005年8月28日第十届全国人大常委会第17次会议通过，2005年8月28日国家主席令第38号公布，自2006年3月1日起施行；根据2012年10月26日第十一届全国人大常委会第29次会议通过、2012年10月26日国家主席令第67号公布、自2013年1月1日起施行的《全国人民代表大会常务委员会关于修改〈中华人民共和国治安管理处罚法〉的决定》修正）

37　《国有土地上房屋征收与补偿条例》（按：简称《房屋征收与补偿》，2011年1月21日国务院令第590号公布，自2011年1月21日起施行）

38　《关于办理申请人民法院强制执行国有土地上房屋征收补偿决定案件若干问题的规定》（按：简称《房屋征收补偿案件问题的规定》，2012年2月27日由最高人民法院审判委员会第1543次会议通过，2012年3月26日公布，法释〔2012〕4号，自2012年4月10日起施行）

39　《国有土地上房屋征收评估办法》（按：简称《房屋征收评估》，2011年6月3日住房城乡建设部发布，建房〔2011〕77号，自2011年6月3日起施行）

40　《中华人民共和国物权法》（按：简称《物权法》，2007年3月16日中华人民共和国主席令第六十二号公布，自2007年10月1日起施行）

41　《最高人民法院关于审理建筑物区分所有权纠纷案件具

体应用法律若干问题的解释》（按：简称《最高院关于建筑物所有权解释》，2009年3月23日最高人民法院审判委员会第1464次会议通过，2009年5月14日公布，法释［2009］7号，自2009年10月1日起施行）

42 《中华人民共和国侵权责任法》（按：简称《侵权责任法》，2009年12月26日第十一届全国人大常委会第十二次会议通过，2009年12月26日国家主席令第21号公布，自2010年7月1日起施行）

43 《房屋登记办法》（按：2008年2月15日建设部令第168号公布，自2008年7月1日起施行）

44 《建设部关于房屋建筑面积计算与房屋权属登记有关问题的通知》（按：简称《房屋面积与权属登记》，2002年3月27日建设部建住房［2002］74号发布，自2002年5月1日起施行）

45 《房屋权属登记信息查询暂行办法》（按：简称《房屋权属登记查询》，2006年10月8日建设部建住房［2006］244号发布，自2007年1月1日起施行）

46 《房屋登记簿管理试行办法》（简称《房屋登记簿管理》，2008年5月6日住房城乡建设部建住房［2008］84号发布，自2008年5月6日起施行）

47 《国家发展改革委、财政部关于规范房屋登记费计费方式和收费标准等有关问题的通知》（按：简称《关于房屋登记费的通知》，2008年4月15日国家发改委、财政部发改价格［2008］924号发布，自2008年5月1日起施行）

48 《最高人民法院关于审理房屋登记案件若干问题的规定》（按：简称《最高院关于房屋登记问题的规定》，2010年8月2日由最高人民法院审判委员会第1491次会议通过，2010年11月5日公布，法释〔2010〕15号，自2010年11月18日起施行）

49 《住房和城乡建设部关于进一步加强住宅装饰装修管理

的通知》(按：简称《加强住宅装饰装修管理》，住房城乡建设部建质〔2008〕133号，自2008年7月29日起施行)

50 《住宅室内装饰装修管理办法》(按：简称《室内装饰装修》，2002年3月5日建设部令第110号公布，自2002年5月1日起施行；根据2011年1月26日《住房和城乡建设部关于废止和修改部分规章的决定》修正，自2011年1月26日起施行)

51 《住宅装饰装修工程施工规范》GB 50327—2001 (按：简称《住宅装修规范》，建设部、国家质检总局联合发布，自2002年5月1日起施行)

52 《民用建筑工程室内环境污染控制规范》GB 50325—2010 (按：简称《室内环境控制规范》，国家标准，2010年8月18日住房城乡建设部、国家质检总局联合发布，自2011年6月1日起施行)

53 《最高人民法院关于审理物业服务纠纷案件具体应用法律若干问题的解释》(按：简称《最高院审理物业纠纷案解释》，2009年4月20日最高人民法院审判委员会第1466次会议通过，2009年5月15日公布，自2009年10月1日起施行)

54 《业主大会和业主委员会指导规则》(按：简称《业主会指导规则》，2009年2月1日住房城乡建设部建房〔2009〕274号发布，自2010年1月1日起施行)

55 《物业服务收费管理办法》(按：简称《物业收费办法》，2003年11月13日国家发改委、建设部发布，发改价格〔2003〕1864号，自2004年1月1日起施行)

56 《物业服务收费明码标价规定》(按：简称《物业费明码标价》，发改价检〔2004〕1428号，2004年10月1日施行)

57 《物业服务定价成本监审办法(试行)》(按：简称《物业成本监审办法》，2007年9月10日国家发改委、建设部发布，发改价格〔2007〕2285号，自2007年10月1日起施行)

58 《中华人民共和国特种设备安全法》(按：简称《特种设备安全法》，2013年6月29日第十二届全国人大常委会第三

次会议通过，2013年6月29日国家主席令第4号公布，自2014年1月1日起施行）

59 《特种设备安全监察条例》（按：2003年3月11日国务院令第373号公布，自2003年6月1日起施行；2009年1月14日国务院第46次常务会议修订通过，2009年1月24日国务院令549号公布，自2009年5月1日起施行）

60 《电梯应急指南》（按：2006年1月4日建设部建住房[2006]3号发布，自2006年1月4日起施行）

61 《中华人民共和国防震减灾法》（按：简称《防震减灾法》，2008年12月27日第十一届全国人大常委会第六次会议修订通过，2008年12月27日国家主席令第7号公布，自2009年5月1日起施行）

62 《房屋建筑工程抗震设防管理规定》（按：简称《抗震管理规定》，2006年1月27日建设部令第148号发布，自2006年4月1日起施行）

63 《中华人民共和国消防法》（按：简称《消防法》，2008年10月28日第十一届全国人大常委会第五次会议修订通过，2008年10月28日国家主席令第6号公布，自2009年5月1日起施行）

64 《消防监督检查规定》（按：简称《消防监督检查》，2009年4月30日公安部部长办公会议修订通过，公安部令第107号发布，自2009年5月1日起施行）

65 《中华人民共和国环境保护法》（按：简称《环境保护法》，1989年12月26日第七届全国人大常委会第十一次会议通过，1989年12月26日国家主席令第22号公布，自1989年12月26日起施行）

66 《中华人民共和国固体废物污染环境防治法》（按：简称《固体污染防治法》，2004年12月29日全国人大常委会第十三次会议修订通过，2004年12月29日国家主席令第31号公布，自2005年4月1日起施行）

67 《中华人民共和国大气污染防治法》（按：简称《大气污染防治法》，2000年4月29日第九届全国人大常委会第十五次会议修订通过，中华人民共和国主席令第32号公布，自2000年9月1日起施行）

68 《中华人民共和国环境噪声污染防治法》（按：简称《噪声污染防治法》，1996年10月29日第八届全国人大常委会第二十次会议通过，1996年10月29日国家主席令第77号公布，自1997年3月1日起施行）

69 《最高人民法院、最高人民检察院关于办理环境污染刑事案件适用法律若干问题的解释》（按：简称《最高院关于环境污染案件解释》，2013年6月17日最高人民法院、最高人民检察院公布，自2013年6月19日起施行）

70 《城镇燃气管理条例》（按：2010年11月19日国务院令第583号公布，自2011年3月1日起施行）

71 《住房城乡建设部关于进一步加强城市窨井盖安全管理的通知》（按：简称《城市窨井盖安全管理》，2013年4月18日住房城乡建设部部建城〔2013〕68号发布，自2013年4月18日起施行）

4 住宅工程设计和验收

4.1 设计要求

（按：住宅小区业主可通过本节对住宅工程设计有基本了解，在购房或入住时，如发现工程方面有不符合设计规范要求尤其是强制标准要求时，可向有关方提出。）

4.1.1 《城乡规划法》规定：

"**第九条** 任何单位和个人都应当遵守经依法批准并公布的城乡规划，服从规划管理，并有权就涉及其利害关系的建设活动是否符合规划的要求向城乡规划主管部门查询。

任何单位和个人都有权向城乡规划主管部门或者其他有关部门举报或者控告违反城乡规划的行为。城乡规划主管部门或者其他有关部门对举报或者控告，应当及时受理并组织核查、处理。"

"**第五十条** 在选址意见书、建设用地规划许可证、建设工程规划许可证或者乡村建设规划许可证发放后，因依法修改城乡规划给被许可人合法权益造成损失的，应当依法给予补偿。

经依法审定的修建性详细规划、建设工程设计方案的总平面图不得随意修改；确需修改的，城乡规划主管部门应当采取听证会等形式，听取利害关系人的意见；因修改给利害关系人合法权益造成损失的，应当依法给予补偿。"

"**第五十七条** 城乡规划主管部门违反本法规定作出行政许可的，上级人民政府城乡规划主管部门有权责令其撤销或者直接撤销该行政许可。因撤销行政许可给当事人合法权益造成损失的，应当依法给予赔偿。"

4.1.2 《**城市居住区规划设计规范**》**GB 50180—93 规定：**

"**1.0.3** <u>居住区按居住户数或人口规模可分为居住区、小区、组</u>

团三级。各级标准控制规模，应符合表1.0.3的规定。

表1.0.3 居住区分级控制规模"

	居住区	小区	组团
户数（户）	10000～16000	3000～5000	300～1000
人口数（人）	30000～50000	10000～15000	1000～3000

"5.0.5 住宅层数，应符合下列规定：

......

5.0.5.2 无电梯住宅不应超过六层。在地形起伏较大的地区，当住宅分层入口时，可按进入住宅后的单程上或下的层数计算。"

"6.0.1 居住区公共服务设施（也称配套公建），应包括：教育、医疗卫生、文化体育、商业服务、金融邮电、社区服务、市政公用和行政管理及其他八类设施。

6.0.2 居住区配套公建的配建水平，必须与居住人口规模相对应。并应与住宅同步规划、同步建设和同时投入使用。"

"7.0.1 居住区内绿地，应包括公共绿地、宅旁绿地、配套公建所属绿地和道路绿地，其中包括了满足当地植树绿化覆土要求、方便居民出入的地上或半地下建筑的屋顶绿地。

7.0.2 居住区内绿地应符合下列规定：

......

7.0.2.3 绿地率：新区建设不应低于30%；旧区改建不宜低于25%。"

"8.0.6 居住区内必须配套设置居民汽车（含通勤车）停车场、停车库，并应符合下列规定：

8.0.6.1 居民汽车停车率不应小于10%；

8.0.6.2 居住区内地面停车率（居住区内居民汽车的停车位数量与居住户数的比率）不宜超过10%；

8.0.6.3 居民停车场、库的布置应方便居民使用，服务半径不宜大于150m；

8.0.6.4 居民停车场、库的布置应留有必要的发展余地。"

"9.0.4 居住区内地面水的排水系统,应根据地形特点设计。在山区和丘陵地区还必须考虑排洪要求。地面水排水方式的选择,应符合以下规定:

9.0.4.1 居住区内应采用暗沟(管)排除地面水;

9.0.4.2 在埋设地下暗沟(管)极不经济的陡坎、岩石地段,或在山坡冲刷严重,管沟易堵塞的地段,可采用明沟排水。"

"11.0.2 各项指标的计算,应符合下列规定:

……

11.0.2.7 停车场车位数的确定以小型汽车为标准当量表示,其他各型车辆的停车位,应按表11.0.2中相应的换算系数折算。

表11.0.2 各型车辆停车位换算系数"

车　　型	换算系数
微型客、货汽车机动三轮车	0.7
卧车、两吨以下货运汽车	1.0
中型客车、面包车、2~4t货运汽车	2.0
铰接车	3.5

4.1.3 《民用建筑设计通则》GB 50352—2005规定;

"3.1.2 民用建筑按地上层数或高度分类划分应符合下列规定:

1 住宅建筑按层数分类:一层至三层为低层住宅,四层至六层为多层住宅,七层至九层为中高层住宅,十层及十层以上为高层住宅;

……"

"6.6.3 阳台、外廊、室内回廊、内天井、上人屋面及室外楼梯等临空处应设置防护栏杆,并应符合下列规定:

1 <u>栏杆应以坚固、耐久的材料制作,并能承受荷载规范规定的水平荷载;</u>

2 临空高度在24m以下时,栏杆高度不应低于1.05m,临空高度在24m及24m以上(包括中高层住宅)时,栏杆高度不应低于1.10m;

注：栏杆高度应从楼地面或屋面至栏杆扶手顶面垂直高度计算，如底部有宽度大于或等于0.22m，且高度低于或等于0.45m的可踏部位，应从可踏部位顶面起计算。

3 栏杆离楼面或屋面0.10m高度内不宜留空；

4 <u>住宅、托儿所、幼儿园、中小学及少年儿童专用活动场所的栏杆必须采用防止少年儿童攀登的构造，当采用垂直杆件做栏杆时，其杆件净距不应大于0.11m；</u>

5 文化娱乐建筑、商业服务建筑、体育建筑、园林景观建筑等允许少年儿童进入活动的场所，当采用垂直杆件做栏杆时，其杆件净距也不应大于0.11m。"

"**6.7.4** <u>每个梯段（按：指楼梯）的踏步不应超过18级，亦不应少于3级。</u>"

4.1.4 **《住宅建筑规范》GB 50368—2005规定：**

"**4.2.1** <u>配套公共服务设施（配套公建）应包括：教育、医疗卫生、文化、体育、商业服务、金融邮电、社区服务、市政公用和行政管理等9类设施。</u>

4.2.2 <u>配套公建的项目与规模，必须与居住人口规模相对应，并应与住宅同步规划、同步建设、同期交付。</u>"

（按：有的小区不能做到同期交付，业主购房时也不清楚，绝大多数人根本不知道有哪些配套设施。）

"**4.4.3** <u>人工景观水体的补充水严禁使用自来水。无护栏水体的近岸2m范围内及园桥、汀步附近2m范围内，水深不应大于0.5m。</u>

4.4.4 受噪声影响的住宅周边应采取防噪措施。"

"**5.1.7** <u>阳台地面构造应有排水措施。</u>"

"**5.4.2** <u>住宅地下机动车库应符合下列规定：</u>

......

3 <u>库内车道净高不应低于2.20m。车位净高不应低于2.00m。</u>

......

5.4.3 住宅地下自行车库净高不应低于2.00m。"

"8.4.5 住宅的地下室、半地下室内严禁设置液化石油气用气设备、管道和气瓶。十层及十层以上住宅内不得使用瓶装液化石油气。"

4.1.5 《住宅设计规范》GB 50096—2011 规定：

（按：本规范自2012年8月1日起施行，此前设计的工程不受此限。）

"4 技术经济指标计算"

"4.0.2 计算住宅的技术经济指标，应符合下列规定：

1 各功能空间使用面积应等于各功能空间墙体内表面所围合的水平投影面积；

2 套内使用面积应等于套内各功能空间使用面积之和；

3 套型阳台面积应等于套内各阳台的面积之和；阳台的面积均应按其结构底板投影净面积的一半计算；

（按：根据此条规定，无论阳台为凹阳台、凸阳台、封闭阳台还是不封闭阳台，均按此计算。但《房产测量规范》GB/T 17986.1—2000 规定："其中封闭的阳台按水平投影全部计算建筑面积"。对此，最高院在《关于建筑面积问题的复函》中作了解释，目前应按《关于建筑面积问题的复函》规定执行。另见"5 商品房买卖……5.5 房屋建筑面积"。）

4 套型总建筑面积应等于套内使用面积、相应的建筑面积和套型阳台面积之和；

5 住宅楼总建筑面积应等于全楼各套型总建筑面积之和。

4.0.3 套内使用面积计算，应符合下列规定：

1 套内使用面积应包括卧室、起居室（厅）、餐厅、厨房、卫生间、过厅、过道、贮藏室、壁柜等使用面积的总和；

2 跃层住宅中的套内楼梯应按自然层数的使用面积总和计入套内使用面积；

3 烟囱、通风道、管井等均不应计入套内使用面积；

　4 套内使用面积应按结构墙体表面尺寸计算；有复合保温层时，应按复合保温层表面尺寸计算；

　5 利用坡屋顶内的空间时，屋面板下表面与楼板地面的净高低于1.20m的空间不应计算使用面积，净高在1.20m～2.10m的空间应按1/2计算使用面积，净高超过2.10m的空间应全部计入套内使用面积；坡屋顶无结构顶层楼板，不能利用坡屋顶空间时不应计算其使用面积；

　6 坡屋顶内的使用面积应列入套内使用面积中。

4.0.4 套型总建筑面积计算，应符合下列规定：

　1 应按全楼各层外墙结构外表面及柱外沿所围合的水平投影面积之和求出住宅楼建筑面积，当外墙设外保温层时，应按保温层外表面计算；

　（按：以住宅整栋楼建筑面积为计算参数，包括了本栋住宅楼地上的全部住宅建筑面积，但不包括套型阳台面积总和。）

　2 应以全楼总套内使用面积除以住宅楼建筑面积得出计算比值；

　3 套型总建筑面积应等于套内使用面积除以计算比值所得面积，加上套型阳台面积。"

"5 套内空间"

"**5.1.1** 住宅应按套型设计，每套住宅应设卧室、起居室（厅）、厨房和卫生间等基本功能空间。

5.1.2 套型的使用面积应符合下列规定：

　1 由卧室、起居室（厅）、厨房和卫生间等组成的套型，其使用面积不应小于30m²；

　2 由兼起居的卧室、厨房和卫生间等组成的最小套型，其使用面积不应小于22m²。"

"**5.2.1** 卧室的使用面积应符合下列规定：

  1 双人卧室不应小于 $9m^2$；

  2 单人卧室不应小于 $5m^2$；

  3 兼起居的卧室不应小于 $12m^2$。

5.2.2 起居室（厅）的使用面积不应小于 $10m^2$。"

"**5.3.1** 厨房的使用面积应符合下列规定：

  1 由卧室、起居室（厅）、厨房和卫生间等组成的住宅套型的厨房使用面积，不应小于 $4.0m^2$；

  2 由兼起居的卧室、厨房和卫生间等组成的住宅最小套型的厨房使用面积，不应小于 $3.5m^2$。"

"**5.3.3** 厨房应设置洗涤池、案台、炉灶及排油烟机、热水器等设施或为其预留位置。"

  （按：满足此条件，才能保证满足住户正常炊事功能要求。）

"**5.3.5** 单排布置设备的厨房净宽不应小于 $1.50m$；双排布置设备的厨房其两排设备之间的净距不应小于 $0.90m$。"

"**5.4.1** 每套住宅应设卫生间，应至少配置便器、洗浴器、洗面器三件卫生设备或为其预留设置位置及条件。三件卫生设备集中配置的卫生间的使用面积不应小于 $2.50m^2$。

5.4.2 卫生间可根据使用功能要求组合不同的设备。不同组合的空间使用面积应符合下列规定：

  1 设便器、洗面器时不应小于 $1.80m^2$；

  2 设便器、洗浴器时不应小于 $2.00m^2$；

  3 设洗面器、洗浴器时不应小于 $2.00m^2$；

  4 设洗面器、洗衣机时不应小于 $1.80m^2$；

  5 单设便器时不应小于 $1.10m^2$。

5.4.3 无前室的卫生间的门不应直接开向起居室（厅）或厨房。

5.4.4 卫生间不应直接布置在下层住户的卧室、起居室（厅）、厨房和餐厅的上层。"

"**5.5.1** 住宅层高宜为 $2.80m$。

  （按：把住宅层高控制在 $2.80m$ 以下，综合考虑投资、节地、节能、节水、节材和环保因素。）

5.5.2 卧室、起居室（厅）的室内净高不应低于2.40m，局部净高不应低于2.10m，且局部净高的室内面积不应大于室内使用面积的1/3。

（按：该处局部净高是指室内梁底处的净高、活动空间上部吊柜的柜底与地面的距离等。只有控制在2.10m或以上，才能保证居民的基本活动并具有安全感。）

5.5.3 利用坡屋顶内空间作卧室、起居室（厅）时，至少有1/2的使用面积的室内净高不应低于2.10m。

5.5.4 厨房、卫生间的室内净高不应低于2.20m。

5.5.5 厨房、卫生间内排水横管下表面与楼面、地面净距不得低于1.90m，且不得影响门、窗扇开启。"

"5.6.2 阳台栏杆设计必须采用防止儿童攀登的构造，栏杆的垂直杆件间净距不应大于0.11m，放置花盆处必须采取防坠落措施。

5.6.3 阳台栏板或栏杆净高，六层及六层以下不应低于1.05m；七层及七层以上不应低于1.10m。"

（按：阳台栏杆的防护高度是根据人体重心稳定高度和心理要求确定的，应随建筑高度增高而增高。据统计计算，我国男子平均重心高度接近1.05m，故阳台最低高度按1.05m；考虑到随着高度增加人的安全感降低，七层及以上不应低于1.10m。）

"5.6.5 顶层阳台应设雨罩，各套住宅之间毗连的阳台应设分户隔板。

5.6.6 阳台、雨罩均应采取有组织排水措施，雨罩及开敞阳台应采取防水措施。

5.6.7 当阳台设有洗衣设备时应符合下列规定：

　　1 应设置专用给、排水管线及专用地漏，阳台楼、地面均应做防水；

　　2 严寒和寒冷地区应封闭阳台，并应采取保温措施。

5.6.8 当阳台或建筑外墙设置空调室外机时，其安装位置应符合下列规定：

1 应能通畅地向室外排放空气和自室外吸入空气；

2 在排出空气一侧不应有遮挡物；

3 应为室外机安装和维护提供方便操作的条件；

4 安装位置不应对室外人员形成热污染。"

"5.7.1 套内入口过道净宽不宜小于1.20m；通往卧室、起居室（厅）的过道净宽不应小于1.00m；通往厨房、卫生间、贮藏室的过道净宽不应小于0.90m。

5.7.2 套内设于底层或靠外墙、靠卫生间的壁柜内部应采取防潮措施。

5.7.3 套内楼梯当一边临空时，梯段净宽不应小于0.75m；当两侧有墙时，墙面之间净宽不应小于0.90m，并应在其中一侧墙面设置扶手。

5.7.4 套内楼梯的踏步宽度不应小于0.22m；高度不应大于0.20m，扇形踏步转角距扶手中心0.25m处，宽度不应小于0.22m。"

（按：《民用建筑设计通则》GB 50352—2005 表6.7.10"注：无中柱螺旋楼梯和弧形楼梯离内侧扶手中心0.25m处的踏步宽度不应小于0.22m。"）

"5.8.1 <u>窗外没有阳台或平台的外窗，窗台距楼面、地面的净高低于0.90m时，应设置防护设施。</u>

5.8.2 当设置凸窗时应符合下列规定：

1 窗台高度低于或等于0.45m时，防护高度从窗台面起算不应低于0.90m；

（按：为保证有效的防护净高度0.90m，因距离楼（地）面0.45m以下的台面容易造成无意识攀登的可踏面，故不计入窗台净高。）

2 可开启窗扇窗洞口底距窗台面的净高低于0.90m时，窗洞口处应有防护措施。其防护高度从窗台面起算不应低于0.90m；

3 严寒和寒冷地区不宜设置凸窗。"

"5.8.5 户门应采用具备防盗、隔音功能的防护门。向外开启的户门不应妨碍公共交通及相邻户门开启。

5.8.6 厨房和卫生间的门应在下部设置有效截面积不小于0.02m² 的固定百叶，也可距地面留出不小于30mm的缝隙。

（按：在门关闭的情况下，当厨房或卫生间往室外排气时，百叶或门下缝隙用于进风、换气。）

5.8.7 各部位门洞的最小尺寸应符合表5.8.7的规定。

表5.8.7　门洞最小尺寸

类　　别	洞口宽度（m）	洞口高度（m）
共用外门	1.20	2.00
户（套）门	1.00	2.00
起居室（厅）门	0.90	2.00
卧室门	0.90	2.00
厨房门	0.80	2.00
卫生间门	0.70	2.00
阳台门（单扇）	0.70	2.00

注：1　表中门洞口高度不包括门上亮子高度，宽度以平开门为准；
　　2　洞口两侧地面有高低差时，以高地面为起算高度。"

"6　共用部分"

"**6.1.2**　<u>公共出入口台阶高度超过0.70m并侧面临空时，应设防护设施，防护设施净高不应低于1.05m</u>。"

"**6.1.4**　公共出入口台阶踏步宽度不宜小于0.30m，踏步高度不宜大于0.15m，并不宜小于0.10m，踏步高度应均匀一致，并应采取防滑措施。台阶踏步数不应少于2级，当高差不足2级时，应按坡道设置；台阶宽度大于1.80m时，两侧宜设置栏杆扶手，高度应为0.90m。"

"**6.3.1**　<u>楼梯梯段净宽不应小于1.10m，不超过六层的住宅，一边设有栏杆的梯段净宽不应小于1.00m</u>。

（按：楼梯梯段净宽指墙面装饰面至扶手中心之间的水平距离。）

6.3.2 楼梯踏步宽度不应小于0.26m，踏步高度不应大于0.175m。扶手高度不应小于0.90m。楼梯水平段栏杆长度大于0.50m时，其扶手高度不应小于1.05m。楼梯栏杆垂直杆件间净空不应大于0.11m。

6.3.3 楼梯平台净宽不应小于楼梯梯段净宽，且不得小于1.20m。楼梯平台的结构下缘至人行通道的垂直高度不应低于2.00m。入口处地坪与室外地面应有高差，并不应小于0.10m。

（按：楼梯平台的宽度是影响家具搬运的主要因素，如平台上有暖气片、配电箱等凸出物时，平台宽度要从凸出面起算。）

6.3.4 楼梯为剪刀梯时，楼梯平台的净宽不得小于1.30m。

6.3.5 楼梯井净宽大于0.11m时，必须采取防止儿童攀滑的措施。"

"**6.4.7** 电梯不应紧邻卧室布置。当受条件限制，电梯不得不紧邻兼起居的卧室布置时，应采取隔声、减震的构造措施。"

（按：电梯机房设备产生的噪声、电梯井道内产生的振动、共振和撞击声对住户干扰很大，尤其对最需要安静的卧室的干扰更大，故此条予以限制。）

"**6.6.4** 供轮椅通行的走道和通道净宽不应小于1.20m。"

"**6.8.2** 厨房、卫生间的共用排气道应采用能够防止各层回流的定型产品，并应符合国家有关标准。排气道断面尺寸应根据层数确定，排气道接口部位应安装支管接口配件，厨房排气道接口直径应大于150mm，卫生间排气道接口直径应大于80mm。"

"**6.10.1** 住宅建筑内严禁布置、存放和使用甲、乙类火灾危险性物品的商店、车间和仓库，以及产生噪声、振动和污染环境卫生的商店、车间和娱乐设施。

（按：有的业主自行改变住宅或底商用途，如液化石油气钢瓶贮存库等，属于违规行为。）

6.10.2 住宅建筑内不应布置易产生油烟的餐饮店，当住宅底层商业网点布置有产生刺激性气味或噪声的配套用房，应做排气、消声处理。"

（按：住宅底商及其他商业用房改为餐饮的现象时有发生，造成环境污染，影响很大，也容易产生纠纷，属于违规行为。）

"7 室内环境"

"**7.1.1** 每套住宅应至少有一个居住空间能获得冬季日照。
7.1.2 需要获得冬季日照的居住空间的窗洞开口宽度不应小于0.60m。
7.1.3 卧室、起居室（厅）、厨房应有直接天然采光。"
"**7.1.5** 卧室、起居室（厅）、厨房的采光窗洞口的窗地面积比不应低于1/7。"
"**7.1.7** 采光窗下沿离楼面或地面高度低于0.50m的窗洞口面积不应计入采光面积内，窗洞口上沿距地面高度不宜低于2.00m。
7.1.8 除严寒地区外，居住空间朝西外窗应采取外遮阳措施，居住空间朝东外窗宜采取外遮阳措施。当采用天窗、斜屋顶窗采光时，应采取活动遮阳措施。"
"**7.2.1** 卧室、起居室（厅）、厨房应有自然通风。"
"**7.2.3** 每套住宅的自然通风开口面积不应小于地面面积的5%。
7.2.4 采用自然通风的房间，其直接或间接自然通风开口面积应符合下列规定：

1 卧室、起居室（厅）、明卫生间的直接自然通风开口面积不应小于该房间地板面积的1/20；当采用自然通风的房间外设置阳台时，阳台的自然通风开口面积不应小于采用自然通风的房间和阳台地板面积总和的1/20；

2 厨房的直接自然通风开口面积不应小于该房间地板面积的1/10，并不得小于0.60m²；当厨房外设置阳台时，阳台的自然通风开口面积不应小于厨房和阳台地板面积总和的1/10，并不得小于0.60m²。"

"8 建筑设备"

"8.1.7 下列设施不应设置在住宅套内，应设置在共用空间内：
 1 公共功能的管道，包括给水总立管、消防立管、雨水立管、采暖（空调）供回水总立管和配电和弱电干线（管）等，设置在开敞式阳台的雨水立管除外；
 2 公共的管道阀门、电气设备和用于总体调节和检修的部件，户内排水立管检修口除外；
 3 采暖管沟和电缆沟的检查孔。"

"8.2.6 厨房和卫生间的排水立管应分别设置。排水管道不得穿越卧室。"

"8.3.2 除电力充足和供电政策支持，或建筑所在地无法利用其他形式的能源外，严寒和寒冷地区、夏热冬冷地区的住宅不应设计直接电热作为室内采暖主体热源。"

"8.4.3 燃气设备的设置应符合下列规定：
 1 燃气设备严禁设置在卧室内；
 2 严禁在浴室内安装直接排气式、半密闭式燃气热水器等在使用空间内积聚有害气体的加热设备；
 3 户内燃气灶应安装在通风良好的厨房、阳台内；
 4 燃气热水器等燃气设备应安装在通风良好的厨房、阳台内或其他非居住房间。

8.4.4 住宅内各类用气设备的烟气必须排至室外。排气口应采取防风措施，安装燃气设备的房间应预留安装位置和排气孔洞位置；当多台设备合用竖向排气道排放烟气时，应保证互不影响。户内燃气热水器、分户设置的采暖或制冷燃气设备的排气管不得与燃气灶排油烟机的排气管合并接入同一管道。"

"8.5.3 无外窗的暗卫生间，应设置防止回流的机械通风设施或预留机械通风设置条件。"

（按：通常做法为专用井道加排气扇。）

"**8.7.2** 住宅供电系统的设计，应符合下列规定：

1 应采用 TT、TN-C-S 或 TN-S 接地方式，并应进行总等电位联结；

2 电气线路应采用符合安全和防火要求的敷设方式配线，套内的电气管线应采用穿管暗敷设方式配线。导线应采用铜芯绝缘线，每套住宅进户线截面不应小于 $10mm^2$，分支回路截面不应小于 $2.5mm^2$；

3 套内的空调电源插座、一般电源插座与照明应分路设计，厨房插座应设置独立回路，卫生间插座宜设置独立回路；

4 除壁挂式分体空调电源插座外，电源插座回路应设置剩余电流保护装置；

5 设有洗浴设备的卫生间应作局部等电位联结；

6 每幢住宅的总电源进线应设剩余电流动作保护或剩余电流动作报警。

8.7.3 每套住宅应设置户配电箱，其电源总开关装置应采用可同时断开相线和中性线的开关电器。

8.7.4 套内安装在 1.80m 及以下的插座均应采用安全型插座。

8.7.5 共用部位应设置人工照明，应采用高效节能的照明装置和节能控制措施。当应急照明采用节能自熄开关时，必须采取消防时应急点亮的措施。

8.7.6 住宅套内电源插座应根据住宅套内空间和家用电器设置，电源插座的数量不应少于表 8.7.6 的规定。

表 8.7.6 电源插座的设置数量

空间	设置数量和内容
卧室	一个单相三线和一个单相二线的插座两组
兼起居的卧室	一个单相三线和一个单相二线的插座三组
起居室（厅）	一个单相三线和一个单相二线的插座三组
厨房	防溅水型一个单相三线和一个单相二线的插座两组
卫生间	防溅水型一个单相三线和一个单相二线的插座一组
布置洗衣机、冰箱、排油烟机、排风机及预留家用空调器处	专用单相三线插座各一个

8.7.7 每套住宅应设有线电视系统、电话系统和信息网络系统，宜设置家居配线箱。有线电视、电话、信息网络等线路宜集中布线。并应符合下列规定：

1 有线电视系统的线路应预埋到住宅套内。每套住宅的有线电视进户线不应少于1根，起居室、主卧室、兼起居的卧室应设置电视插座；

2 电话通信系统的线路应预埋到住宅套内。每套住宅的电话通信进户线不应少于1根，起居室、主卧室、兼起居的卧室应设置电话插座；

3 信息网络系统的线路宜预埋到住宅套内。每套住宅的进户线不应少于1根，起居室、卧室或兼起居室的卧室应设置信息网络插座。"

"**8.7.9** <u>当发生火警时，疏散通道上和出入口处的门禁应能集中解锁或能从内部手动解锁。</u>"

4.1.6 《关于通信管线及通信设施的通知》规定：

"一、住宅小区及商住楼内的通信设施建设应符合城乡规划要求，与电信发展规划相适应。

为保障消费者的合法权益，满足广大电信用户使用通信设施的需要，住宅小区及商住楼应同步建设建筑规划用地红线内的通信管道和楼内通信暗管、暗线，建设并预留用于安装通信线路配线设备的集中配线交接间，所需投资一并纳入相应住宅小区或商住楼的建设项目概算，并作为项目配套设施统一移交。

二、住宅小区及商住楼的通信管线等通信设施应纳入设计文件，设计审查部门在审批设计时，建设、规划主管部门在核发建设工程规划许可证、施工许可证时，应依法定职责严格把关。建设项目竣工后，接入公用电信网前，各省通信管理部门要严把接入关。建设单位应当在竣工验收3个月内向城乡建设档案管理部门报送有关竣工资料。

三、房地产开发企业、项目管理者不得就接入和使用住宅小区和商住楼内的通信管线等通信设施与电信运营企业签订垄断性协议，不得以任何方式限制其他电信运营企业的接入和使用，不得限制用户自由选择电信业务的权利。"

4.1.7 《关于光纤到户的通知》规定：

"二、全面实施新建住宅建筑光纤到户

根据光纤到户国家标准的要求，自 2013 年 4 月 1 日起，在公用电信网已实现光纤传输的县级及以上城区，新建住宅区和住宅建筑的通信设施应采用光纤到户方式建设，同时鼓励和支持有条件的乡镇、农村地区新建住宅区和住宅建筑实现光纤到户。

（一）住宅建设单位必须同步建设住宅区内通信管道和楼内通信暗管、暗线等通信设施，预先铺设入户光纤、预留设备间，所需投资纳入相应建设项目概算。

（二）新建住宅区和住宅建筑涉及的通信管道、楼内光纤、设备间等通信配套设施，应满足多家电信运营企业共享使用的需要，保障用户自由选择的权利。

（三）设计单位应按照光纤到户国家标准要求和合同约定进行住宅区和住宅建筑通信配套设施的设计，施工图设计文件审查机构应对涉及光纤到户国家标准的内容进行设计审查。住房城乡建设、规划主管部门在核发建设工程规划许可证、施工许可证时，应依照法定职责严格把关。

（四）住宅建设单位应组织对光纤到户通信设施进行验收，并将验收文件报所在地通信行业主管部门备案。各地通信行业主管部门及通信工程质量监督机构要认真履行职责，严把质量关，加强对光纤到户工程质量的监督管理。光纤到户通信设施未按要求验收或者验收不合格的，不得接入公用电信网。"

4.1.8 《无障碍条例》规定：

"第二条 本条例所称无障碍环境建设，是指为便于残疾人等社会成员自主安全地通行道路、出入相关建筑物、搭乘公共交通工具、交流信息、获得社区服务所进行的建设活动。"

"第九条 城镇新建、改建、扩建道路、公共建筑、公共交通设施、居住建筑、居住区，应当符合无障碍设施工程建设标准。

乡、村庄的建设和发展，应当逐步达到无障碍设施工程建设标准。

第十条 无障碍设施工程应当与主体工程同步设计、同步施工、同步验收投入使用。新建的无障碍设施应当与周边的无障碍设施相衔接。

第十一条 对城镇已建成的不符合无障碍设施工程建设标准的道路、公共建筑、公共交通设施、居住建筑、居住区，县级以上人民政府应当制定无障碍设施改造计划并组织实施。

无障碍设施改造由所有权人或者管理人负责。"

"**第十三条** 城市的主要道路、主要商业区和大型居住区的人行天桥和人行地下通道，应当按照无障碍设施工程建设标准配备无障碍设施，人行道交通信号设施应当逐步完善无障碍服务功能，适应残疾人等社会成员通行的需要。

第十四条 城市的大中型公共场所的公共停车场和大型居住区的停车场，应当按照无障碍设施工程建设标准设置并标明无障碍停车位。

无障碍停车位为肢体残疾人驾驶或者乘坐的机动车专用。"

"**第十七条** 无障碍设施的所有权人和管理人，应当对无障碍设施进行保护，有损毁或者故障及时进行维修，确保无障碍设施正常使用。"

"**第二十七条** 社区公共服务设施应当逐步完善无障碍服务功能，为残疾人等社会成员参与社区生活提供便利。"

"**第三十一条** 城镇新建、改建、扩建道路、公共建筑、公共交通设施、居住建筑、居住区，不符合无障碍设施工程建设标准的，由住房和城乡建设主管部门责令改正，依法给予处罚。

第三十二条 肢体残疾人驾驶或者乘坐的机动车以外的机动车占用无障碍停车位，影响肢体残疾人使用的，由公安机关交通管理部门责令改正，依法给予处罚。

第三十三条 无障碍设施的所有权人或者管理人对无障碍设

施未进行保护或者及时维修,导致无法正常使用的,由有关主管部门责令限期维修;造成使用人人身、财产损害的,无障碍设施的所有权人或者管理人应当承担赔偿责任。"

4.1.9 《无障碍设计规范》**GB 50763—2012** 规定:

"7 居住区、居住建筑

7.1 道 路

7.1.1 居住区道路进行无障碍设计的范围应包括居住区路、小区路、组团路、宅间小路的人行道。

7.1.2 (按:略)

7.2 居 住 绿 地

7.2.1 居住绿地的无障碍设计应符合下列规定:

1 居住绿地内进行无障碍设计的范围及建筑物类型包括:出入口、游步道、休憩设施、儿童游乐场、休闲广场、健身运动场、公共厕所等;

2 基地地坪坡度不大于5%的居住区的居住绿地均应满足无障碍要求,地坪坡度大于5%的居住区,应至少设置一个满足无障碍要求的居住绿地;

3 满足无障碍要求的居住绿地,宜靠近设有无障碍住房和宿舍的居住建筑设置,并通过无障碍通道到达。

7.2.2 出入口应符合下列规定:

1 居住绿地的主要出入口应设置为无障碍出入口;有3个以上出入口时,无障碍出入口不应少于2个;

2 居住绿地内主要活动广场与相接的地面或路面高差小于300mm时,所有出入口应为无障碍出入口;高差大于300mm时,当出入口少于3个,所有出入口均应为无障碍出入口,当出入口为3个或3个以上,应至少设置2个无障碍出入口;

3 组团绿地、开放式宅间绿地、儿童活动场、健身运动场出入口应设提示盲道。

7.2.3 游步道及休憩设施应符合下列规定：

1 居住绿地内的游步道应为无障碍通道，轮椅园路纵坡不应大于4%；轮椅专用道不应大于8%；

2 居住绿地内的游步道及园林建筑、园林小品如亭、廊、花架等休憩设施不宜设置高于450mm的台明或台阶；必须设置时，应同时设置轮椅坡道并在休憩设施入口处设提示盲道；

3 绿地及广场设置休息座椅时，应留有轮椅停留空间。

7.2.4 活动场地应符合下列规定：

1 林下铺装活动场地，以种植乔木为主，林下净空不得低于2.20m；

2 儿童活动场地周围不宜种植遮挡视线的树木，保持较好的可透视性，且不宜选用硬质叶片的丛生植物。

7.3 配套公共设施

7.3.1 居住区内的居委会、卫生站、健身房、物业管理、会所、社区中心、商业等为居民服务的建筑应设置无障碍出入口。设有电梯的建筑至少应设置1部无障碍电梯；未设有电梯的多层建筑，应至少设置1部无障碍楼梯。

7.3.2 （按：略）

7.3.3 停车场和车库应符合下列规定：

1 居住区停车场和车库的总停车位应设置不少于0.5%的无障碍机动车停车位；若设有多个停车场和车库，宜每处设置不少于1个无障碍机动车停车位；

2 地面停车场的无障碍机动车停车位宜靠近停车场的出入口设置。有条件的居住区宜靠近住宅出入口设置无障碍机动车停车位；

3 车库的人行出入口应为无障碍出入口。设置在非首层的车库应设无障碍通道与无障碍电梯或无障碍楼梯连通，直达首层。

7.4 居住建筑

7.4.1 居住建筑进行无障碍设计的范围应包括住宅及公寓、宿舍建筑（职工宿舍、学生宿舍）等。

7.4.2 居住建筑的无障碍设计应符合下列规定：

　　1 设置电梯的居住建筑应至少设置1处无障碍出入口，通过无障碍通道直达电梯厅；未设置电梯的低层和多层居住建筑，当设置无障碍住房及宿舍时，应设置无障碍出入口；

　　2 设置电梯的居住建筑，每居住单元至少应设置1部能直达户门层的无障碍电梯。

7.4.3 居住建筑应按每100套住房设置不少于2套无障碍住房。

7.4.4 无障碍住房及宿舍宜建于底层。当无障碍住房及宿舍设在二层及以上且未设置电梯时，其公共楼梯应满足本规范第3.6节的有关规定。

7.4.5（按：略）

7.4.6（按：略）

3.6.1 无障碍楼梯应符合下列规定：

　　1 宜采用直线形楼梯；

　　2 公共建筑楼梯的踏步宽度不应小于280mm，踏步高度不应大于160mm。

　　3 不应采用无踢面和直角形突缘的踏步；

　　4 宜两侧均做扶手；

　　5 如采用栏杆式楼梯，在栏杆下方宜设置安全阻挡措施；

　　6 踏面应平整防滑或在踏面前缘设防滑条；

　　7 距踏步起点和终点250mm～300mm宜设提示盲道；

　　8 踏面和踢面颜色宜有区分和对比；

　　9 楼梯上行及下行的第一阶宜在颜色或材质上与平台有明显区别。"

4.2 住宅工程质量验收

4.2.1 《强化住宅质量》规定：

"(十七)加强工程质量保修管理。建设单位要按照国家有关工程质量保修规定和住宅质量保证书承诺的内容承担相应法律责任。施工单位要按照国家有关工程质量保修规定和工程质量保修书的要求，对住宅工程竣工验收后在保修期限内出现的质量缺陷予以修复。……"

"(二十四)强化工程质量终身负责制。住宅工程的建设、勘察、设计、施工、监理等单位的法定代表人、工程项目负责人、工程技术负责人、注册执业人员要按各自职责对所承担的住宅工程项目在设计使用年限内的质量负终身责任。违反国家有关建设工程质量管理规定，造成重大工程质量事故的，无论其在何职何岗，身居何处，都要依法追究相应责任。"

"(二十六)加强社会监督。建设单位要在住宅工程施工现场的显著部位，将建设、勘察、设计、施工、监理等单位的名称、联系电话、主要责任人姓名和工程基本情况挂牌公示。住宅工程建成后，建设单位须在每栋建筑物明显部位永久标注建设、勘察、设计、施工、监理单位的名称及主要责任人的姓名，接受社会监督。（按：截至目前，已建小区标注者甚少，如需了解参建单位等情况，可到物业公司查看竣工图及其他相关资料。）各地和有关单位要公布质量举报电话，建立质量投诉渠道，完善投诉处理制度。要进一步加强信息公开制度，及时向社会公布住宅建筑工程质量的相关信息，切实发挥媒体与公众的监督作用。所有单位、个人和新闻媒体都有权举报和揭发工程质量问题。各有关单位要及时处理在社会监督中发现的问题，对于不能及时处理有关问题的单位和个人，要依法进行处罚。"

4.2.2 《住宅分户验收》规定：

"一、高度重视分户验收工作

住宅工程质量分户验收（以下简称分户验收），是指建设单位组织施工、监理等单位,在住宅工程各检验批、分项、分部工程验收合格的基础上,在住宅工程竣工验收前,依据国家有关工程质量验收标准,对每户住宅及相关公共部位的观感质量和使用功能等进行检查验收,并出具验收合格证明的活动。

……

二、分户验收内容

分户验收内容主要包括:

(一)地面、墙面和顶棚质量;

(二)门窗质量;

(三)栏杆、护栏质量;

(四)防水工程质量;

(五)室内主要空间尺寸;

(六)给水排水系统安装质量;

(七)室内电气工程安装质量;

(八)建筑节能和采暖工程质量;

(九)有关合同中规定的其他内容。"

"四、分户验收程序

分户验收应当按照以下程序进行:

……

(三)每户住宅和规定的公共部位验收完毕,应填写《住宅工程质量分户验收表》(见附件),建设单位和施工单位项目负责人、监理单位项目总监理工程师分别签字;

(四)分户验收合格后,建设单位必须按户出具《住宅工程质量分户验收表》,并作为《住宅质量保证书》的附件,一同交给住户。

分户验收不合格,不能进行住宅工程整体竣工验收。同时,在住宅工程整体竣工验收前,施工单位应制作工程标牌,将工程名称、竣工日期和建设、勘察、设计、施工、监理单位全称镶嵌在该建筑工程外墙的显著部位。

五、分户验收的组织实施

分户验收由施工单位提出申请，建设单位组织实施，施工单位项目负责人、监理单位项目总监理工程师及相关质量、技术人员参加，对所涉及的部位、数量按分户验收内容进行检查验收。已经预选物业公司的项目，物业公司应当派人参加分户验收。

建设、施工、监理等单位应严格履行分户验收职责，对分户验收的结论进行签认，不得简化分户验收程序。对于经检查不符合要求的，施工单位应及时进行返修，监理单位负责复查，返修完成后重新组织分户验收。

工程质量监督机构要加强对分户验收工作的监督检查，发现问题及时监督有关方面认真整改，确保分户验收工作质量。对在分户验收中弄虚作假、降低标准或将不合格工程按合格工程验收的，依法对有关单位和责任人进行处罚，并纳入不良行为记录。

六、加强对分户验收工作的领导

各地住房城乡建设主管部门应结合本地实际，制定分户验收实施细则或管理办法，明确提高住宅工程质量的工作目标和任务，突出重点和关键环节，尤其在保障性住房中应全面推行分户验收制度，把分户验收工作落到实处，确保住宅工程结构安全和使用功能质量，促进提高住宅工程质量总体水平。"

"附件：

住宅工程质量分户验收表

工程名称		房（户）号	
建设单位		验收日期	
施工单位		监理单位	
序号	验收项目	主要验收内容	验收记录
1	楼地面、墙面和顶棚	地面裂缝、空鼓、材料环保性能，墙面和顶棚爆灰、空鼓、裂缝、装饰图案、缝格、色泽、表面洁净	

续表

序号	验收项目	主要验收内容	验收记录
2	门窗	窗台高度、渗水、门窗启闭、玻璃安装	
3	栏杆	栏杆高度、间距、安装牢固、防攀爬措施	
4	防水工程	屋面渗水、厨卫间渗水、阳台地面渗水、外墙渗水	
5	室内主要空间尺寸	开间净尺寸、室内净高	
6	给排水工程	管道渗水、管道坡向、安装固定、地漏水封、给水口位置	
7	电气工程	接地、相位、控制箱配置，开关、插座位置	
8	建筑节能	保温层厚度、固定措施	
9	其他	烟道、通风道、邮政信报箱等	

分户验收结论：

建设单位	施工单位	监理单位	物业或其他单位
项目负责人： 验收人员： 　年　月　日	项目经理： 验收人员： 　年　月　日	总监理工程师： 验收人员： 　年　月　日	项目负责人： 验收人员： 　年　月　日

4.2.3 《小区竣工综合验收》规定：

"**第二条** 本办法适用于建设用地规模在 2 万平方米以上的新建住宅小区及组团（以下简称住宅小区）。"

"**第四条** 住宅小区开发建设单位对所开发的住宅小区质量负最终责任，不得将工程质量不合格或配套不完善的房屋交付使用。"

（按：配套不完善即交付使用的现象时有发生，业主入住前须加以了解，以免入住后因设施不配套而影响使用和生活。）

第五条 城市人民政府建设行政主管部门应当根据国家有关法律、法规和标准规范，对住宅小区的土地使用情况、各单项工程的工程检验合格证明文件以及市政公用基础设施、公共配套设施项目等组织验收。

第六条 住宅小区竣工综合验收必须符合下列要求：

（一）所有建设项目按批准的小区规划和有关专业管理及设计要求全部建成，并满足使用要求；

（二）住宅及公共配套设施、市政公用基础设施等单项工程全部验收合格，验收资料齐全；

（三）各类建筑物的平面位置、立面造型、装修色调等符合批准的规划设计要求；

（四）施工机具、暂设工程、建筑残土、剩余构件全部拆除清运完毕，达到场清地平；

（五）拆迁居民已合理安置。"

"**第十条** 分期建设的住宅小区，可以实行分期验收，待全部建成后进行综合验收。

分期验收的住宅小区，市政公用基础设施和公共配套设施满足使用功能要求的，可以分期投入使用。

第十一条 住宅小区综合验收不合格的，由城市人民政府建设行政主管部门责令开发建设单位限期改正，由此发生的费用由开发建设单位承担。

对违反规划要求、市政公用基础设施和公共设施不配套、工程质量低劣的，由验收小组提请有关部门依法查处。

第十二条 未经综合验收，开发建设单位擅自将房屋和有关设施交付使用的，由城市人民政府建设行政主管部门吊销开发建设单位资质证书，并可处以罚款。"

4.2.4 《房屋质量保修》规定：

"第三条 本办法所称房屋建筑工程质量保修，是指对房屋建筑工程竣工验收后在保修期限内出现的质量缺陷，予以修复。

本办法所称质量缺陷，是指房屋建筑工程的质量不符合工程建设强制性标准以及合同的约定。"

"第七条 在正常使用下，房屋建筑工程的最低保修期限为：

（一）地基基础工程和主体结构工程，为设计文件规定的该工程的合理使用年限；

（二）屋面防水工程、有防水要求的卫生间、房间和外墙面的防渗漏，为5年；

（三）供热与供冷系统，为2个采暖期、供冷期；

（四）电气管线、给排水管道、设备安装为2年；

（五）装修工程为2年。

其他项目的保修期限由建设单位和施工单位约定。

第八条 房屋建筑工程保修期从工程竣工验收合格之日起计算。

第九条 房屋建筑工程在保修期限内出现质量缺陷，建设单位或者房屋建筑所有人应当向施工单位发出保修通知。施工单位接到保修通知后，应当到现场核查情况，在保修书约定的时间内予以保修。发生涉及结构安全或者严重影响使用功能的紧急抢修事故，施工单位接到保修通知后，应当立即到达现场抢修。

（按：当房屋建筑工程在保修期限内出现质量缺陷时，有的建设单位在未征得双方同意情况下，让小区业主直接找施工单位，这种做法不妥。）

第十条 发生涉及结构安全的质量缺陷，建设单位或者房屋建筑所有人应当立即向当地建设行政主管部门报告，采取安全防范措施；由原设计单位或者具有相应资质等级的设计单位提出保修方案，施工单位实施保修，原工程质量监督机构负责监督。

第十一条 保修完成后，由建设单位或者房屋建筑所有人组织验收。涉及结构安全的，应当报当地建设行政主管部门备案。"

"第十三条 保修费用由质量缺陷的责任方承担。

第十四条 在保修期内，因房屋建筑工程质量缺陷造成房屋所有人、使用人或者第三方人身、财产损害的，房屋所有人、使用人或者第三方可以向建设单位提出赔偿要求。建设单位向造成房屋建筑工程质量缺陷的责任方追偿。

第十五条 因保修不及时造成新的人身、财产损害，由造成拖延的责任方承担赔偿责任。"

"第十七条 下列情况不属于本办法规定的保修范围：

（一）因使用不当或者第三方造成的质量缺陷；

（二）不可抗力造成的质量缺陷。"

4.2.5 《工程质量投诉》规定：

"第二条 本办法中所称工程质量投诉，是指公民、法人和其他组织通过信函、电话、来访等形式反映工程质量问题的活动。

第三条 凡是新建、改建、扩建的各类建筑安装、市政、公用、装饰装修等建设工程，在保修期内和建设过程中发生的工程质量问题，均属投诉范围。

对超过保修期，在使用过程中发生的工程质量问题，由产权单位或有关部门处理。"

"第十条 对涉及由建筑施工、房地产开发、勘察设计、建筑规划、市政共用建设和村镇建设等方面原因引起的工程质量投诉，应在建设行政主管部门的领导和协调下，由分管该业务的职能部门负责调查处理。"

"第十二条 投诉处理机构对于投诉的信函要做好登记；对以电话、来访等形式的投诉，承办人员在接待时，要认真听取陈述意见，做好详细记录并进行登记。"

"**第十六条** 市、县级投诉处理机构受理的工程质量投诉，原则上应直接派人或与有关部门共同调查处理，不得层层转批。"

"**第十八条** 对注明联系地址和联系人姓名的投诉，要将处理的情况通知投诉人。

第十九条 在处理工程质量投诉过程中，不得将工程质量投诉中涉及的检举、揭发、控告材料及有关情况，透露或者转送给被检举、揭发、控告的人员和单位。任何组织和个人不得压制、打击报复、迫害投诉人。"

5 房地产交易

5.1 房地产交易一般规定与方式

5.1.1 《房地产管理法》规定：

"第二条 ……

本法所称房地产交易，包括房地产转让、房地产抵押和房屋租赁。"

"一般规定"

"第三十二条 房地产转让、抵押时，房屋的所有权和该房屋占用范围内的土地使用权同时转让、抵押。

第三十三条 基准地价、标定地价和各类房屋的重置价格应当定期确定并公布。具体办法由国务院规定。

第三十四条 国家实行房地产价格评估制度。

房地产价格评估，应当遵循公正、公平、公开的原则，按照国家规定的技术标准和评估程序，以基准地价、标定地价和各类房屋的重置价格为基础，参照当地的市场价格进行评估。

第三十五条 国家实行房地产成交价格申报制度。

房地产权利人转让房地产，应当向县级以上地方人民政府规定的部门如实申报成交价，不得瞒报或者作不实的申报。"

"房地产转让"

"第三十七条 房地产转让，是指房地产权利人通过买卖、赠与或者其他合法方式将其房地产转移给他人的行为。

第三十八条 下列房地产,不得转让:

(一)以出让方式取得土地使用权的,不符合本法第三十九条规定的条件的;

(二)司法机关和行政机关依法裁定、决定查封或者以其他形式限制房地产权利的;

(三)依法收回土地使用权的;

(四)共有房地产,未经其他共有人书面同意的;

(五)权属有争议的;

(六)未依法登记领取权属证书的;

(七)法律、行政法规规定禁止转让的其他情形。

第三十九条 以出让方式取得土地使用权的,转让房地产时,应当符合下列条件:

(一)按照出让合同约定已经支付全部土地使用权出让金,并取得土地使用权证书;

(二)按照出让合同约定进行投资开发,属于房屋建设工程的,完成开发投资总额的百分之二十五以上,属于成片开发土地的,形成工业用地或者其他建设用地条件。

转让房地产时房屋已经建成的,还应当持有房屋所有权证书。"

"**第六十六条** 违反本法第三十九条第一款的规定转让土地使用权的,由县级以上人民政府土地管理部门没收违法所得,可以并处罚款。"

"**第四十一条** 房地产转让,应当签订书面转让合同,合同中应当载明土地使用权取得的方式。

第四十二条 房地产转让时,土地使用权出让合同载明的权利、义务随之转移。

第四十三条 以出让方式取得土地使用权的,转让房地产后,其土地使用权的使用年限为原土地使用权出让合同约定的使用年限减去原土地使用者已经使用年限后的剩余年限。

第四十四条 以出让方式取得土地使用权的,转让房地产后，受让人改变原土地使用权出让合同约定的土地用途的，必须取得原出让方和市、县人民政府城市规划行政主管部门的同意，签订土地使用权出让合同变更协议或者重新签订土地使用权出让合同，相应调整土地使用权出让金。"

"房地产抵押"

"**第四十七条** 房地产抵押，是指抵押人以其合法的房地产以不转移占有的方式向抵押权人提供债务履行担保的行为。债务人不履行债务时，抵押权人有权依法以抵押的房地产拍卖所得的价款优先受偿。

第四十八条 依法取得的房屋所有权连同该房屋占用范围内的土地使用权，可以设定抵押权。

以出让方式取得的土地使用权，可以设定抵押权。

第四十九条 房地产抵押，应当凭土地使用权证书、房屋所有权证书办理。

第五十条 房地产抵押，抵押人和抵押权人应当签订书面抵押合同。

第五十一条 设定房地产抵押权的土地使用权是以划拨方式取得的，依法拍卖该房地产后，应当从拍卖所得的价款中缴纳相当于应缴纳的土地使用权出让金的款额后，抵押权人方可优先受偿。

第五十二条 房地产抵押合同签订后，土地上新增的房屋不属于抵押财产。需要拍卖该抵押的房地产时，可以依法将土地上新增的房屋与抵押财产一同拍卖，但对拍卖新增房屋所得，抵押权人无权优先受偿。"

"房屋租赁"

"**第五十三条** 房屋租赁，是指房屋所有权人作为出租人将其房屋出租给承租人使用，由承租人向出租人支付租金的行为。

第五十四条　房屋租赁，出租人和承租人应当签订书面租赁合同，约定租赁期限、租赁用途、租赁价格、修缮责任等条款，以及双方的其他权利和义务，并向房产管理部门登记备案。

第五十五条　住宅用房的租赁，应当执行国家和房屋所在城市人民政府规定的租赁政策。租用房屋从事生产、经营活动的，由租赁双方协商议定租金和其他租赁条款。

第五十六条　以营利为目的，房屋所有权人将以划拨方式取得使用权的国有土地上建成的房屋出租的，应当将租金中所含土地收益上缴国家。具体办法由国务院规定。"

5.2　商品房销售

5.2.1　《商品房销售》规定：

"第三条　商品房销售包括商品房现售和商品房预售。

本办法所称商品房现售，是指房地产开发企业将竣工验收合格的商品房出售给买受人，并由买受人支付房价款的行为。

……"

"第七条　商品房现售，应当符合以下条件：

（一）现售商品房的房地产开发企业应当具有企业法人营业执照和房地产开发企业资质证书；

（二）取得土地使用权证书或者使用土地的批准文件；

（三）持有建设工程规划许可证和施工许可证；

（四）已通过竣工验收；

（五）拆迁安置已经落实；

（六）供水、供电、供热、燃气、通讯等配套基础设施具备交付使用条件，其他配套基础设施和公共设施具备交付使用条件或者已确定施工进度和交付日期；

（七）物业管理方案已经落实。"

"第十条　房地产开发企业不得在未解除商品房买卖合同前，将作为合同标的物的商品房再行销售给他人。

第十一条 房地产开发企业不得采取返本销售或者变相返本销售的方式销售商品房。

房地产开发企业不得采取售后包租或者变相售后包租的方式销售未竣工商品房。"

"**第十三条** 商品房销售时,房地产开发企业选聘了物业管理企业的,买受人应当在订立商品房买卖合同时与房地产开发企业选聘的物业管理企业订立有关物业管理的协议。

第十四条 房地产开发企业、房地产中介服务机构发布商品房销售宣传广告,应当执行《中华人民共和国广告法》、《房地产广告发布暂行规定》等有关规定,广告内容必须真实、合法、科学、准确。

第十五条 房地产开发企业、房地产中介服务机构发布的商品房销售广告和宣传资料所明示的事项,当事人应当在商品房买卖合同中约定。

第十六条 商品房销售时,房地产开发企业和买受人应当订立书面商品房买卖合同。

商品房买卖合同应当明确以下主要内容:

(一)当事人名称或者姓名和住所;

(二)商品房基本状况;

(三)商品房的销售方式;

(四)商品房价款的确定方式及总价款、付款方式、付款时间;

(五)交付使用条件及日期;

(六)装饰、设备标准承诺;

(七)供水、供电、供热、燃气、通讯、道路、绿化等基础设施和公共设施的交付承诺和有关权益、责任;

(八)公共配套建筑的产权归属;

(九)面积差异的处理方式;

(十)办理产权登记有关事宜;

(十一)解决争议的方法;

（十二）违约责任；

（十三）双方约定的其他事项。

第十七条 商品房销售价格由当事人协商议定，国家另有规定的除外。

第十八条 商品房销售可以按套（单元）计价，也可以按套内建筑面积或者建筑面积计价。

商品房建筑面积由套内建筑面积和分摊的共有建筑面积组成，套内建筑面积部分为独立产权，分摊的共有建筑面积部分为共有产权，买受人按照法律、法规的规定对其享有权利，承担责任。

按套（单元）计价或者按套内建筑面积计价的，商品房买卖合同中应当注明建筑面积和分摊的共有建筑面积。

第十九条 按套（单元）计价的现售房屋，当事人对现售房屋实地勘察后可以在合同中直接约定总价款。

按套（单元）计价的预售房屋，房地产开发企业应当在合同中附所售房屋的平面图。平面图应当标明详细尺寸，并约定误差范围。房屋交付时，套型与设计图纸一致，相关尺寸也在约定的误差范围内，维持总价款不变；套型与设计图纸不一致或者相关尺寸超出约定的误差范围，合同中未约定处理方式的，买受人可以退房或者与房地产开发企业重新约定总价款。买受人退房的，由房地产开发企业承担违约责任。

第二十条 按套内建筑面积或者建筑面积计价的，当事人应当在合同中载明合同约定面积与产权登记面积发生误差的处理方式。

合同未作约定的，按以下原则处理：

（一）面积误差比绝对值在3%以内（含3%）的，据实结算房价款；

（二）面积误差比绝对值超出3%时，买受人有权退房。买受人退房的，房地产开发企业应当在买受人提出退房之日起30日内将买受人已付房价款退还给买受人，同时支付已付房价款利息。买受人不退房的，产权登记面积大于合同约定面积时，面积误差比在3％以内（含3％）部分的房价款由买受人补足；超出3％部分的房价款由房地产开发企业承担，产权归买受人。产权登记面积小于合同约定面积时，面积误差比绝对值在3％以内（含3％）部分的房价款由房地产开发企业返还买受人；绝对值超出3％部分的房价款由房地产开发企业双倍返还买受人。

$$面积误差比=\frac{产权登记面积-合同约定面积}{合同约定面积}\times 100\%$$

因本办法第二十四条规定的规划设计变更造成面积差异，当事人不解除合同的，应当签署补充协议。

第二十一条 按建筑面积计价的，当事人应当在合同中约定套内建筑面积和分摊的共有建筑面积，并约定建筑面积不变而套内建筑面积发生误差以及建筑面积与套内建筑面积均发生误差时的处理方式。

第二十二条 不符合商品房销售条件的，房地产开发企业不得销售商品房，不得向买受人收取任何预订款性质费用。

符合商品房销售条件的，房地产开发企业在订立商品房买卖合同之前向买受人收取预订款性质费用的，订立商品房买卖合同时，所收费用应当抵作房价款；当事人未能订立商品房买卖合同的，房地产开发企业应当向买受人返还所收费用；当事人之间另有约定的，从其约定。

第二十三条 房地产开发企业应当在订立商品房买卖合同之前向买受人明示《商品房销售管理办法》和《商品房买卖合同示范文本》；预售商品房的，还必须明示《城市商品房预售管理办法》。

第二十四条 房地产开发企业应当按照批准的规划、设计建设商品房。商品房销售后，房地产开发企业不得擅自变更规划、设计。

经规划部门批准的规划变更、设计单位同意的设计变更导致商品房的结构型式、户型、空间尺寸、朝向变化，以及出现合同当事人约定的其他影响商品房质量或者使用功能情形的,房地产开发企业应当在变更确立之日起 10 日内,书面通知买受人。

买受人有权在通知到达之日起 15 日内做出是否退房的书面答复。买受人在通知到达之日起 15 日内未作书面答复的,视同接受规划、设计变更以及由此引起的房价款的变更。房地产开发企业未在规定时限内通知买受人的,买受人有权退房;买受人退房的,由房地产开发企业承担违约责任。"

"**第四十五条** 本办法所称返本销售,是指房地产开发企业以定期向买受人返还购房款的方式销售商品房的行为。

本办法所称售后包租,是指房地产开发企业以在一定期限内承租或者代为出租买受人所购该企业商品房的方式销售商品房的行为。

......

本办法所称产权登记面积,是指房地产行政主管部门确认登记的房屋面积。"

5.2.2 《商品房明码标价》规定:

"**第三条** 本规定所称明码标价,是指商品房经营者在销售商品房时按照本规定的要求公开标示商品房价格、相关收费以及影响商品房价格的其他因素。"

"**第六条** 商品房经营者应当在商品房交易场所的醒目位置放置标价牌、价目表或者价格手册,有条件的可同时采取电子信息屏、多媒体终端或电脑查询等方式。采取上述多种方式明码标价的,标价内容应当保持一致。

第七条 商品房销售明码标价应当做到价目齐全,标价内容真实明确、字迹清晰、标示醒目,并标示价格主管部门投诉举报电话。

第八条 商品房销售明码标价实行一套一标。商品房经营者应当对每套商品房进行明码标价。按照建筑面积或者套内建筑面积计价的,还应当标示建筑面积单价或者套内建筑面积单价。

第九条 对取得预售许可或者办理现房销售备案的房地产开

发项目，商品房经营者要在规定时间内一次性公开全部销售房源，并严格按照申报价格明码标价对外销售。

第十条 商品房经营者应当明确标示以下与商品房价格密切相关的因素：

（一）开发企业名称、预售许可证、土地性质、土地使用起止年限、楼盘名称、坐落位置、容积率、绿化率、车位配比率。

（二）楼盘的建筑结构、装修状况以及水、电、燃气、供暖、通讯等基础设施配套情况。

（三）当期销售的房源情况以及每套商品房的销售状态、房号、楼层、户型、层高、建筑面积、套内建筑面积和分摊的共有建筑面积。

（四）优惠折扣及享受优惠折扣的条件。

（五）商品房所在地省级价格主管部门规定的其他内容。

第十一条 商品房销售应当公示以下收费：

（一）商品房交易及产权转移等代收代办的收费项目、收费标准。代收代办收费应当标明由消费者自愿选择。

（二）商品房销售时选聘了物业管理企业的，商品房经营者应当同时公示前期物业服务内容、服务标准及收费依据、收费标准。

（三）商品房所在地省级价格主管部门规定的其他内容。

第十二条 对已销售的房源，商品房经营者应当予以明确标识。如果同时标识价格的，应当标示所有已销售房源的实际成交价格。

第十三条 商品房经营者不得在标价之外加价销售商品房，不得收取任何未予标明的费用。

第十四条 商品房经营者在广告宣传中涉及的价格信息，必须真实、准确、严谨。

第十五条 商品房经营者不得使用虚假或者不规范的价格标识误导购房者，不得利用虚假或者使人误解的标价方式进行价格欺诈。"

5.2.3 《房地产广告》规定：

"第四条 凡下列情况的房地产，不得发布广告：

……

（四）预售房地产，但未取得该项目预售许可证的；

……"

"第六条 房地产预售、销售广告，必须载明以下事项：

（一）开发企业名称；

（二）中介服务机构代理销售的，载明该机构名称；

（三）预售或者销售许可证书号。

广告中仅介绍房地产项目名称的，可以不必载明上述事项。"

"第九条 房地产广告中对价格有表示的，应当清楚表示为实际的销售价格，明示价格的有效期限。

第十条 房地产中表现项目位置，应以从该项目到达某一具体参照物的现有交通干道的实际距离表示，不得以所需时间来表示距离。

房地产广告中的项目位置示意图，应当准确、清楚，比例恰当。

第十一条 房地产广告中涉及的交通、商业、文化教育设施及其他市政条件等，如在规划或者建设中，应当在广告中注明。

第十二条 房地产广告中涉及面积的，应当表明是建筑面积或者使用面积。

第十三条 房地产广告涉及内部结构、装修装饰的，应当真实、准确。预售、预租商品房广告，不得涉及装修装饰内容。

第十四条 房地产广告中不得利用其他项目的形象、环境作为本项目的效果。

第十五条 房地产广告中使用建筑设计效果图或者模型照片的，应当在广告中注明。

第十六条 房地产广告中不得出现融资或者变相融资的内容，不得含有升值或者投资回报的承诺。

第十七条 房地产广告中涉及贷款服务的，应当载明提供贷款的银行名称及贷款额度、年期。

第十八条 房地产广告中不得含有广告主能够为入住者办理户口、就业、升学等事项的承诺。"

（按：房地产销售广告、模型与实际常有一定的出入，尤其是小区周边环境。建设单位往往突出优势，如不远处有公园、景点等，而淡化不足，如噪声影响，局部环境污染等。业主可尽量多了解一些实际情况。）

5.2.4 《商品房买卖合同纠纷解释》规定：

"**第一条** 本解释所称的商品房买卖合同，是指房地产开发企业（以下统称为出卖人）将尚未建成或者已竣工的房屋向社会销售并转移房屋所有权于买受人，买受人支付价款的合同。

第二条 出卖人未取得商品房预售许可证明，与买受人订立的商品房预售合同，应当认定无效，但是在起诉前取得商品房预售许可证明的，可以认定有效。

第三条 商品房的销售广告和宣传资料为要约邀请，但是出卖人就商品房开发规划范围内的房屋及相关设施所作的说明和允诺具体确定，并对商品房买卖合同的订立以及房屋价格的确定有重大影响的，应当视为要约。该说明和允诺即使未载入商品房买卖合同，亦应当视为合同内容，当事人违反的，应当承担违约责任。

第四条 出卖人通过认购、订购、预订等方式向买受人收受定金作为订立商品房买卖合同担保的，如果因当事人一方原因未能订立商品房买卖合同，应当按照法律关于定金的规定处理；因不可归责于当事人双方的事由，导致商品房买卖合同未能订立的，出卖人应当将定金返还买受人。

第五条 商品房的认购、订购、预订等协议具备《商品房销售管理办法》第十六条规定的商品房买卖合同的主要内容，并且出卖人已经按照约定收受购房款的，该协议应当认定为商品房买卖合同。

第六条 当事人以商品房预售合同未按照法律、行政法规规定办理登记备案手续为由,请求确认合同无效的,不予支持。

当事人约定以办理登记备案手续为商品房预售合同生效条件的,从其约定,但当事人一方已经履行主要义务,对方接受的除外。"

(按:商品房预售合同的登记备案在目前应属于房地产和土地管理部门对合同的一种行政管理措施,不是确认合同效力的必要条件,因此,当事人不能以商品房预售合同未按照法律、行政法规规定办理登记备案手续为由,请求确认合同无效。当事人双方约定"预售合同办理登记备案手续后生效"的从其约定。)

"**第八条** 具有下列情形之一,导致商品房买卖合同目的不能实现的,无法取得房屋的买受人可以请求解除合同、返还已付购房款及利息、赔偿损失,并可以请求出卖人承担不超过已付购房款一倍的赔偿责任:

(一)商品房买卖合同订立后,出卖人未告知买受人又将该房屋抵押给第三人;

(二)商品房买卖合同订立后,出卖人又将该房屋出卖给第三人。

第九条 出卖人订立商品房买卖合同时,具有下列情形之一,导致合同无效或者被撤销、解除的,买受人可以请求返还已付购房款及利息、赔偿损失,并可以请求出卖人承担不超过已付购房款一倍的赔偿责任:

(一)故意隐瞒没有取得商品房预售许可证明的事实或者提供虚假商品房预售许可证明;

(二)故意隐瞒所售房屋已经抵押的事实;

(三)故意隐瞒所售房屋已经出卖给第三人或者为拆迁补偿安置房屋的事实。"

"**第十一条** 对房屋的转移占有,视为房屋的交付使用,但当事人另有约定的除外。

房屋毁损、灭失的风险,在交付使用前由出卖人承担,交付使用后由买受人承担;买受人接到出卖人的书面交房通知,无正当理由拒绝接收的，房屋毁损、灭失的风险自书面交房通知确定的交付使用之日起由买受人承担，但法律另有规定或者当事人另有约定的除外。

（按：由于在签订商品房销售合同时对房屋的交付使用约定不明确时而导致纠纷。往往出卖人认为买受人直接占有使用即俗称"交钥匙"就是交付使用；而买受人认为还包括交付房屋所有权证书。本条明确了对房屋的转移占有，视为房屋的交付使用，但当事人另有约定的除外。交付使用后，按照法律规定出卖人还应协助买受人办理房屋所有权登记，转移房屋所有权与买受人。）

第十二条 因房屋主体结构质量不合格不能交付使用，或者房屋交付使用后，房屋主体结构质量经核验确属不合格，买受人请求解除合同和赔偿损失的，应予支持。

第十三条 因房屋质量问题严重影响正常居住使用，买受人请求解除合同和赔偿损失的，应予支持。

交付使用的房屋存在质量问题，在保修期内，出卖人应当承担修复责任。出卖人拒绝修复或者在合理期限内拖延修复的，买受人可以自行或者委托他人修复。修复费用及修复期间造成的其他损失由出卖人承担。

第十四条 出卖人交付使用的房屋套内建筑面积或者建筑面积与商品房买卖合同约定面积不符，合同有约定的，按照约定处理；合同没有约定或者约定不明确的，按照以下原则处理：

（一）面积误差比绝对值在3%以内（含3%），按照合同约定的价格据实结算，买受人请求解除合同的，不予支持；

（二）面积误差比绝对值超出3%，买受人请求解除合同、返还已付购房款及利息的，应予支持。买受人同意继续履行合同，房屋实际面积大于合同约定面积的，面积误差比在3%以内（含3%）部分的房价款由买受人按照约定的价格补足，面积误差比超出3%部分的房价款由出卖人承担，所有权归买受人；房屋实际面积小于合同约定面积的，面积误差比在3%以内（含3%）部分的房价款及利息由出卖人返还买受人，面积误差比超过3％部分的房价款由出卖人双倍返还买受人。

第十五条 根据《合同法》第九十四条的规定，出卖人迟延交付房屋或者买受人迟延支付购房款，经催告后在三个月的合理期限内仍未履行，当事人一方请求解除合同的，应予支持，但当事人另有约定的除外。

法律没有规定或者当事人没有约定，经对方当事人催告后，解除权行使的合理期限为三个月。对方当事人没有催告的，解除权应当在解除权发生之日起一年内行使；逾期不行使的，解除权消灭。"

"**第十八条** 由于出卖人的原因，买受人在下列期限届满未能取得房屋权属证书的，除当事人有特殊约定外，出卖人应当承担违约责任：

（一）商品房买卖合同约定的办理房屋所有权登记的期限；

（二）商品房买卖合同的标的物为尚未建成房屋的，自房屋交付使用之日起90日；

（三）商品房买卖合同的标的物为已竣工房屋的，自合同订立之日起90日。

合同没有约定违约金或者损失数额难以确定的，可以按照已付购房款总额，参照中国人民银行规定的金融机构计收逾期贷款利息的标准计算。

第十九条 商品房买卖合同约定或者《城市房地产开发经营管理条例》第三十三条规定的办理房屋所有权登记的期限届满后超过一年，由于出卖人的原因，导致买受人无法办理房屋所有权登记，买受人请求解除合同和赔偿损失的，应予支持。"

（按：《城市房地产开发经营管理条例》"第三十三条 预售商品房的购买人应当自商品房交付使用之日起90日内，办理土地使用权变更和房屋所有权登记手续；现售商品房的购买人应当自销售合同签订之日起90日内，办理土地使用权变更和房屋所有权登记手续。房地产开发企业应当协助商品房购买人办理土地使用权变更和房屋所有权登记手续，并提供必要的证明文件。"）

5.3 商品房预售

5.3.1 《**房地产管理法**》规定：

"第四十五条 商品房预售，应当符合下列条件：

……

（四）向县级以上人民政府房产管理部门办理预售登记，取得商品房预售许可证明。

商品房预售人应当按照国家有关规定将预售合同报县级以上人民政府房产管理部门和土地管理部门登记备案。

商品房预售所得款项，必须用于有关的工程建设。

第四十六条 商品房预售的，商品房预购人将购买的未竣工的预售商品房再行转让的问题，由国务院规定。"

"第六十八条 违反本法第四十五条第一款的规定预售商品房的，由县级以上人民政府房产管理部门责令停止预售活动，没收违法所得，可以并处罚款。"

5.3.2 《**商品房预售**》规定：

"第二条 本办法所称商品房预售是指房地产开发企业（以下简称开发企业）将正在建设中的房屋预先出售给承购人，由承购人支付定金或房价款的行为。"

"第五条 商品房预售应当符合下列条件：

（一）已交付全部土地使用权出让金，取得土地使用权证书；

（二）持有建设工程规划许可证和施工许可证；

（三）按提供预售的商品房计算，投入开发建设的资金达到工程建设总投资的25%以上，并已经确定施工进度和竣工交付日期。

第六条 商品房预售实行许可制度。开发企业进行商品房预售，应当向房地产管理部门申请预售许可，取得《商品房预售许可证》。

未取得《商品房预售许可证》的，不得进行商品房预售。"

"第八条 商品房预售许可依下列程序办理：

……

（四）公示。房地产管理部门作出的准予商品房预售许可的决定，应当予以公开，公众有权查阅。

第九条 开发企业进行商品房预售，应当向承购人出示《商品房预售许可证》。售楼广告和说明书应当载明《商品房预售许可证》的批准文号。

第十条 商品房预售，开发企业应当与承购人签订商品房预售合同。开发企业应当自签约之日起30日内，向房地产管理部门和市、县人民政府土地管理部门办理商品房预售合同登记备案手续。

房地产管理部门应当积极应用网络信息技术，逐步推行商品房预售合同网上登记备案。

商品房预售合同登记备案手续可以委托代理人办理。委托代理人办理的，应当有书面委托书。"

5.3.3 《白蚁防治规定》规定：

"第二条 本规定适用于白蚁危害地区城市房屋的白蚁防治管理。

本规定所称的城市房屋白蚁防治管理，是指对新建、改建、扩建、装饰装修等房屋的白蚁预防和对原有房屋的白蚁检查与灭治的管理。

凡白蚁危害地区的新建、改建、扩建、装饰装修的房屋必须实施白蚁预防处理。

白蚁危害地区的确定由省、自治区人民政府建设行政主管部门、直辖市人民政府房地产行政主管部门负责。"

"第八条 ……

白蚁预防包治期限不得低于15年，包治期限自工程交付使用之日起计算。"

"第十一条 房地产开发企业在进行商品房销（预）售时，应当向购房人出具该项目的《白蚁预防合同》或者其他实施房屋白蚁预防的证明文件，提供的《住宅质量保证书》中必须包括白蚁预防质量保证的内容。

第十二条 原有房屋和超过白蚁预防包治期限的房屋发生蚁害的,房屋所有人、使用人或者房屋管理单位应当委托白蚁防治单位进行灭治。

房屋所有人、使用人以及房屋管理单位应当配合白蚁防治单位进行白蚁的检查和灭治工作。"

"**第十七条** 房屋所有人、使用人或者房屋管理单位违反本规定第十二条规定的,房屋所在地的县级以上地方人民政府房地产行政主管部门,可以对责任人处以1000元的罚款。"

5.3.4 《民用建筑节能条例》规定:

"**第二条** 本条例所称民用建筑节能,是指在保证民用建筑使用功能和室内热环境质量的前提下,降低其使用过程中能源消耗的活动。

本条例所称民用建筑,是指居住建筑、国家机关办公建筑和商业、服务业、教育、卫生等其他公共建筑。"

"**第四条** 国家鼓励和扶持在新建建筑和既有建筑节能改造中采用太阳能、地热能等可再生能源。

在具备太阳能利用条件的地区,有关地方人民政府及其部门应当采取有效措施,鼓励和扶持单位、个人安装使用太阳能热水系统、照明系统、供热系统、采暖制冷系统等太阳能利用系统。"

"**第十九条** 建筑的公共走廊、楼梯等部位,应当安装、使用节能灯具和电气控制装置。"

"**第二十二条** 房地产开发企业销售商品房,应当向购买人明示所售商品房的能源消耗指标、节能措施和保护要求、保温工程保修期等信息,并在商品房买卖合同和住宅质量保证书、住宅使用说明书中载明。

第二十三条 在正常使用条件下,保温工程的最低保修期限为5年。保温工程的保修期,自竣工验收合格之日起计算。

……"

"**第三十一条** 建筑所有权人或者使用权人应当保证建筑用能系统的正常运行,不得人为损坏建筑围护结构和用能系统。"

"**第四十三条** 违反本条例规定，房地产开发企业销售商品房，未向购买人明示所售商品房的能源消耗指标、节能措施和保护要求、保温工程保修期等信息，或者向购买人明示的所售商品房能源消耗指标与实际能源消耗不符的，依法承担民事责任；由县级以上地方人民政府建设主管部门责令限期改正；逾期未改正的，处交付使用的房屋销售总额 2% 以下的罚款；情节严重的，由颁发资质证书的部门降低资质等级或者吊销资质证书。"

5.3.5 《完善商品房预售制度》规定：

"（一）加强商品住房预售行为监管。未取得预售许可的商品住房项目，房地产开发企业不得进行预售，不得以认购、预订、排号、发放 VIP 卡等方式向买受人收取或变相收取定金、预定款等性质的费用，不得参加任何展销活动。取得预售许可的商品住房项目，房地产开发企业要在 10 日内一次性公开全部准售房源及每套房屋价格，并严格按照申报价格，明码标价对外销售。房地产开发企业不得将企业自留房屋在房屋所有权初始登记前对外销售，不得采取返本销售、售后包租的方式预售商品住房，不得进行虚假交易。

（二）严肃查处捂盘惜售等违法违规行为。各地要加大对捂盘惜售、哄抬房价等违法违规行为的查处力度。对已经取得预售许可，但未在规定时间内对外公开销售或未将全部准售房源对外公开销售，以及故意采取畸高价格销售或通过签订虚假商品住房买卖合同等方式人为制造房源紧张的行为，要严肃查处。

（三）加强房地产销售代理和房地产经纪监管。实行代理销售商品住房的，应当委托在房地产主管部门备案的房地产经纪机构代理。房地产经纪机构应当将经纪服务项目、服务内容和收费标准在显著位置公示；额外提供的延伸服务项目，需事先向当事人说明，并在委托合同中明确约定，不得分解收费项目和强制收取代书费、银行按揭服务费等费用。房地产经纪机构和执业人员不得炒卖房号，不得在代理过程中赚取差价，不得通过签订"阴阳合同"违规交易，不得发布虚假信息和未经核实的信息，不得采取内部认购、雇人排队等手段制造销售旺盛的虚假氛围。

（四）加强商品住房买卖合同管理。各地要完善商品住房买卖合同示范文本，积极推行商品住房买卖合同网上签订和备案制度。商品住房买卖合同示范文本应对商品住房质量性能，物业会所、车位等设施归属，交付使用条件及其违约责任做出明确约定，并将《住宅质量保证书》、《住宅使用说明书》作为合同附件。房地产开发企业应当将商品住房买卖合同在合同订立前向购房人明示。

（五）健全房地产信息公开机制。各地要加强和完善房地产市场信息系统建设，及时准确地向社会公布市场信息。市、县房地产主管部门要及时将批准的预售信息、可售楼盘及房源信息、违法违规行为查处情况等向社会公开。房地产开发企业应将预售许可情况、商品住房预售方案、开发建设单位资质、代理销售的房地产经纪机构备案情况等信息，在销售现场清晰明示。"

"（八）强化商品住房预售方案管理。房地产开发企业应当按照商品住房预售方案销售商品住房。预售方案应当包括项目基本情况、建设进度安排、预售房屋套数、面积预测及分摊情况、公共部位和公共设施的具体范围、预售价格及变动幅度、预售资金监管落实情况、住房质量责任承担主体和承担方式、住房能源消耗指标和节能措施等。预售方案中主要内容发生变更的，应当报主管部门备案并公示。"

"（十）严格预售商品住房退房管理。商品住房严格实行购房实名制，认购后不得擅自更改购房者姓名。各地要规范商品住房预订行为，对可售房源预订次数做出限制规定。购房人预订商品住房后，未在规定时间内签订预售合同的，预订应予以解除，解除的房源应当公开销售。已签订商品住房买卖合同并网上备案、经双方协商一致需解除合同的，双方应递交申请并说明理由，所退房源应当公开销售。

（十一）明确商品住房交付使用条件。各地要依据法律法规及有关建设标准，制定本地商品住房交付使用条件。商品住房交付使用条件应包括工程经竣工验收合格并在当地主管部门备案、配套基础设施和公共设施已建成并满足使用要求、北方地区住宅分户热计量装置安装符合设计要求、住宅质量保证书和住宅使用说明书制度已落实、商品住房质量责任承担主体已明确、前期物业管理已落实。房地产开发企业在商品住房交付使用时，应当向购房人出示上述相关证明资料。"

5.4 商品房销售、交付与物业管理衔接

5.4.1 《商品房销售》规定：

"**第三十条** 房地产开发企业应当按照合同约定，将符合交付使用条件的商品房按期交付给买受人。未能按期交付的，房地产开发企业应当承担违约责任。

因不可抗力或者当事人在合同中约定的其他原因，需延期交付的，房地产开发企业应当及时告知买受人。

第三十一条 房地产开发企业销售商品房时设置样板房的，应当说明实际交付的商品房质量、设备及装修与样板房是否一致，未作说明的，实际交付的商品房应当与样板房一致。

第三十二条 销售商品住宅时，房地产开发企业应当根据《商品住宅实行质量保证书和住宅使用说明书制度的规定》（以下简称《规定》），向买受人提供《住宅质量保证书》、《住宅使用说明书》。

第三十三条 房地产开发企业应当对所售商品房承担质量保修责任。当事人应当在合同中就保修范围、保修期限、保修责任等内容做出约定。保修期从交付之日起计算。

商品住宅的保修期限不得低于建设工程承包单位向建设单位出具的质量保修书约定保修期的存续期；存续期少于《规定》中确定的最低保修期限的，保修期不得低于《规定》中确定的最低保修期限。

非住宅商品房的保修期限不得低于建设工程承包单位向建设单位出具的质量保修书约定保修期的存续期。

在保修期限内发生的属于保修范围的质量问题，房地产开发企业应当履行保修义务，并对造成的损失承担赔偿责任。因不可抗力或者使用不当造成的损坏，房地产开发企业不承担责任。

（按：房地产开发企业所售商品房质量保修期从交付之日起计算，建设工程承包单位向建设单位出具的质量保修书保修期从工程竣工验收合格之日起计算，二者时间起点不一样。值得注意的是，有的小区因种种原因而延迟交付，甚至延误的时间很长，导致有的部位、部件保修期的存续期很短，可能会引发纠纷。）

第三十四条 房地产开发企业应当在商品房交付使用前按项目委托具有房产测绘资格的单位实施测绘，测绘成果报房地产行政主管部门审核后用于房屋权属登记。

房地产开发企业应当在商品房交付使用之日起 60 日内，将需要由其提供的办理房屋权属登记的资料报送房屋所在地房地产行政主管部门。

房地产开发企业应当协助商品房买受人办理土地使用权变更和房屋所有权登记手续。

第三十五条 商品房交付使用后，买受人认为主体结构质量不合格的，可以依照有关规定委托工程质量检测机构重新核验。经核验，确属主体结构质量不合格的，买受人有权退房；给买受人造成损失的，房地产开发企业应当依法承担赔偿责任。"

5.4.2 住宅建筑规范 GB 50386—2005 规定：

"**11.0.1** 住宅应满足下列条件，方可交付用户使用：

1 由建设单位组织设计、施工、工程监理等有关单位进行工程竣工验收，确认合格；取得当地规划、消防、人防等有关部门的认可文件或准许使用文件；在当地建设行政主管部门进行备案；

2 小区道路畅通，已具备接通水、电、燃气、暖气的条件。"

"**11.0.3** 建设单位应在住宅交付用户使用时提供给用户《住宅使用说明书》和《住宅质量保证书》。

《住宅使用说明书》应当对住宅的结构、性能和各部位（部件)的类型、性能、标准等做出说明,提出使用注意事项。《住宅使用说明书》应附有《住宅品质状况表》,其中应注明是否已进行住宅性能认定,并应包括住宅的外部环境、建筑空间、建筑结构、室内环境、建筑设备、建筑防火和节能措施等基本信息和达标情况。

《住宅质量保证书》应当包括住宅在设计使用年限内和正常使用情况下各部位、部件的保修内容和保修期、用户报修的单位,以及答复和处理的时限等。"

(按:《住宅使用说明书》是指导用户正确使用住宅的技术文件,所附《住宅品质状况表》不仅载明住宅是否已进行性能认定,还包括住宅各方面的基本性能情况,体现了对消费者知情权的尊重。

《住宅质量保证书》是建设单位按照政府统一规定提交给用户的住宅保修证书。在规定的保修期内,一旦出现属于保修范围内的质量问题,用户可以按照《住宅质量保证书》的提示获得保修服务。

《住宅质量保证书》和《住宅使用说明书》由房地产开发企业按照各地建设和房地产管理部门根据实际情况制定的样本自行印制。)

5.4.3 《住宅保证书和说明书制度》规定:

"**第三条** 房地产开发企业在向用户交付销售的新建商品住宅时,必须提供《住宅质量保证书》和《住宅使用说明书》。《住宅质量保证书》可以作为商品房购销合同的补充规定。

第四条 《住宅质量保证书》是房地产开发企业对销售的商品住宅承担质量责任的法律文件,房地产开发企业应当按《住宅质量保证书》的约定,承担保修责任。

商品住宅售出后,委托物业管理公司等单位维修的,应在《住宅质量保证书》中明示所委托的单位。

第五条 《住宅质量保证书》应当包括以下内容:

1. 工程质量监督部门核验的质量等级;

2. 地基基础和主体结构在合理使用寿命年限内承担保修;

3. 正常使用情况下各部位、部件保修内容与保修期:

屋面防水3年;

墙面、厨房和卫生间地面、地下室、管道渗漏1年;

墙面、顶抹灰层脱落1年;

地面空鼓开裂、大面积起砂1年;

门窗翘裂、五金件损坏1年;

管道堵塞2个月;

供热、供冷系统和设备1个采暖期或供冷期;

卫生洁具1年;

灯具、电器开关6个月;

其他部位、部件的保修期限,由房地产开发企业与用户自行约定。

4. 用户报修的单位,答复和自理的时限。

第六条 住宅保修期从开发企业将竣工验收的住宅交付用户使用之日起计算,保修期限不应低于本规定第五条规定的期限。房地产开发企业可延长保修期。

国家对住宅工程质量保修期另有规定的,保修期限按照国家规定执行。

第七条 房地产开发企业向用户交付商品住宅时,应当时交付验收手续,并收用户对住宅设备、设施的正常运行签字认可。用户验收后自行添置、改动的设施、设备,由用户自行承担维修责任。

第八条 《住宅使用说明书》应当对住宅的结构、性能和各部位(部件)的类型、性能、标准等作出说明,并提出使用注意事项,一般应当包含以下内容:

1. 开发单位、设计单位、施工单位,委托监理的应注明监理单位;

2. 结构类型;

3. 装修、装饰注意事项;

4. 上水、下水、电、燃气、热气、通讯、消防等设施配置的说明；

5. 有关设备、设施安装预留位置的说明和安装注意事项；

6. 门、窗类型，使用注意事项；

7. 配电负荷；

8. 承重墙、保温墙、防水层、阳台等部位注意事项的说明；

9. 其他需说明的问题。

第九条 住宅中配置的设备、设施，生产厂家另有使用说明书的，应附于《住宅使用说明书》中。

第十条 《住宅质量保证书》和《住宅使用说明书》应在住宅交付用户的同时提供给用户。

第十一条 《住宅质量保证书》和《住宅使用说明书》以购买者购买的套（幢）发放。每套（幢）住宅均应附有各自的《住宅质量保证书》和《住宅使用说明书》。

第十二条 房地产开发企业在《住宅使用说明书》中对住户合理使用住宅应有提示。因用户使用不当或擅自改动结构、设备位置和不当装修等造成的质量问题，开发企业不承担保修责任；因住户使用不当或擅自改结构，造成房屋质量受损或者其他用户损失，由责任人承担相应责任。"

5.4.4 《商品房销售与物业管理衔接》规定：

"一、房地产开发企业出售商品房……时，应重视物业管理工作。要制定出物业管理实施方案，及时选聘物业管理企业，签订物业管理合同，按照规定程序进行工程验收，确保工程质量，并做好物业管理接管验收工作……

二、售房单位售房前，要制定《业主公约》。《业主公约》是维护全体业主和物业使用人的合法权益、维护公共环境和秩序、保障物业的安全与合理使用、全体业主共同遵守的行为准则，要使房屋的所有人和使用人共同自觉地遵守《业主公约》。售房单位应参照《业主公约示范文本》（见附件）制定《业主公约》。购房人应全面了解《业主公约》的内容，在签订房屋买卖合同时，应同时作出遵守《业主公约》的承诺。

售房时未制定《业主公约》的,由销售单位或物业管理企业参照《示范文本》尽快补充制定,业主委员会成立后,可结合实际情况进行修订。

三、要规范物业管理的服务项目和收费标准,售房单位与购房人在签订房屋购销合同时,已确定物业管理实施方案的售房单位或物业管理企业应向购房人公布物业管理项目和服务收费标准,明确双方的责权利关系,物业管理企业不得违反规定随意加收物业管理费用,购房人也要按规定交纳物业管理费用。物业管理企业对用户提供的特约有偿服务要实行明码标价,定期地向业主公布收支情况,接受业主监督。

四、要加强公共部位、共用设施维修养护基金的管理。……商品房销售中,房屋共用部位和共用设施设备的维修养护专项基金的提取、使用与管理,也应作出明文规定;一些开发企业在售房时已从售房价款中提取该项基金的,应在商品房购销合同中说明;该项基金要专户存入银行,不得挪作他用。需要使用时,由物业管理企业作出使用计划,经业主委员会审定。"

附: **"业主临时公约(示范文本)**

第一章 总 则

第一条 根据《物业管理条例》和相关法律、法规、政策,建设单位在销售物业之前,制定本临时公约,对有关物业的使用、维护、管理,业主的共同利益,业主应当履行的义务,违反公约应当承担的责任等事项依法作出约定。

第二条 建设单位应当在物业销售前将本临时公约向物业买受人明示,并予以说明。

物业买受人与建设单位签订物业买卖合同时对本临时公约予以的书面承诺,表示对本临时公约内容的认可。

第三条 本临时公约对建设单位、业主和物业使用人均有约束力。

第四条 建设单位与物业管理企业签订的前期物业服务合同中涉及业主共同利益的约定,应与本临时公约一致。

第二章 物业基本情况

第五条 本物业管理区域内物业的基本情况

物业名称_____;

坐落位置_____;

物业类型_____;

建筑面积_____。

物业管理区域四至:

东至_____;

南至_____;

西至_____;

北至_____。

第六条 根据有关法律法规和物业买卖合同,业主享有以下物业共用部位、共用设施设备的所有权:

1. 由单幢建筑物的全体业主共有的共用部位,包括该幢建筑物的承重结构、主体结构、公共门厅、公共走廊、公共楼梯间、户外墙面、屋面、_____、_____、_____等;

2. 由单幢建筑物的全体业主共有的共用设施设备,包括该幢建筑物内的给排水管道、落水管、水箱、水泵、电梯、冷暖设施、照明设施、消防设施、避雷设施、_____、_____、_____等;

3. 由物业管理区域内全体业主共有的共用部位和共用设施设备,包括围墙、池井、照明设施、共用设施设备使用的房屋、物业管理用房、_____、_____、_____等。

第七条 在本物业管理区域内,根据物业买卖合同,以下部位和设施设备为建设单位所有:

1. _____;

2. _____；
3. _____；
4. _____。

建设单位行使以上部位和设施设备的所有权，不得影响物业买受人正常使用物业。

第三章 物业的使用

第八条 业主对物业的专有部分享有占有、使用、收益和处分的权利，但不得妨碍其他业主正常使用物业。

第九条 业主应遵守法律、法规的规定，按照有利于物业使用、安全、整洁以及公平合理、不损害公共利益和他人利益的原则，在供电、供水、供热、供气、排水、通行、通风、采光、装饰装修、环境卫生、环境保护等方面妥善处理与相邻业主的关系。

第十条 业主应按设计用途使用物业。因特殊情况需要改变物业设计用途的，业主应在征得相邻业主书面同意后，报有关行政主管部门批准，并告知物业管理企业。

第十一条 业主需要装饰装修房屋的，应事先告知物业管理企业，并与其签订装饰装修管理服务协议。

业主应按装饰装修管理服务协议的约定从事装饰装修行为，遵守装饰装修的注意事项，不得从事装饰装修的禁止行为。

第十二条 业主应在指定地点放置装饰装修材料及装修垃圾，不得擅自占用物业共用部位和公共场所。

本物业管理区域的装饰装修施工时间为_____，其他时间不得施工。

第十三条 因装饰装修房屋影响物业共用部位、共用设施设备的正常使用以及侵害相邻业主合法权益的，业主应及时恢复原状并承担相应的赔偿责任。

第十四条 业主应按有关规定合理使用水、电、气、暖等共用设施设备，不得擅自拆改。

第十五条 业主应按设计预留的位置安装空调,未预留设计位置的,应按物业管理企业指定的位置安装,并按要求做好噪音及冷凝水的处理。

第十六条 业主及物业使用人使用电梯,应遵守本物业管理区域的电梯使用管理规定。

第十七条 在物业管理区域内行驶和停放车辆,应遵守本物业管理区域的车辆行驶和停车规则。

第十八条 本物业管理区域内禁止下列行为:

1. 损坏房屋承重结构、主体结构,破坏房屋外貌,擅自改变房屋设计用途;

2. 占用或损坏物业共用部位、共用设施设备及相关场地,擅自移动物业共用设施设备;

3. 违章搭建、私设摊点;

4. 在非指定位置倾倒或抛弃垃圾、杂物;

5. 违反有关规定堆放易燃、易爆、剧毒、放射性物品,排放有毒有害物质,发出超标噪声;

6. 擅自在物业共用部位和相关场所悬挂、张贴、涂改、刻画;

7. 利用物业从事危害公共利益和侵害他人合法权益的活动;

8. ＿＿＿＿＿＿＿＿＿＿＿＿；

9. 法律、法规禁止的其他行为。

第十九条 业主和物业使用人在本物业管理区域内饲养动物不得违反有关规定,并应遵守以下约定:

1. ＿＿＿＿＿＿＿＿＿＿＿＿；

2. ＿＿＿＿＿＿＿＿＿＿＿＿。

第四章 物业的维修养护

第二十条 业主对物业专有部分的维修养护行为不得妨碍其他业主的合法权益。

第二十一条 因维修养护物业确需进入相关业主的物业专有

部分时,业主或物业管理企业应事先告知相关业主,相关业主应给予必要的配合。

相关业主阻挠维修养护的进行造成物业损坏及其他损失的,应负责修复并承担赔偿责任。

第二十二条 发生危及公共利益或其他业主合法权益的紧急情况,必须及时进入物业专有部分进行维修养护但无法通知相关业主的,物业管理企业可向相邻业主说明情况,在第三方(如所在地居委会或派出所或_____)的监督下,进入相关业主的物业专有部分进行维修养护,事后应及时通知相关业主并做好善后工作。

第二十三条 因维修养护物业或者公共利益,业主确需临时占用、挖掘道路、场地的,应当征得建设单位和物业管理企业的同意,并在约定期限内恢复原状。

第二十四条 物业存在安全隐患,危及公共利益或其他业主合法权益时,责任人应当及时采取措施消除隐患。

第二十五条 建设单位应按国家规定的保修期限和保修范围承担物业的保修责任。

建设单位在保修期限和保修范围内拒绝修复或拖延修复的,业主可以自行或委托他人修复,修复费用及修复期间造成的其他损失由建设单位承担。

第二十六条 本物业管理区域内的全体业主按规定缴存、使用和管理物业专项维修资金。

第五章 业主的共同利益

第二十七条 为维护业主的共同利益,全体业主同意在物业管理活动中授予物业管理企业以下权利:

1. 根据本临时公约配合建设单位制定物业共用部位和共用设施设备的使用、公共秩序和环境卫生的维护等方面的规章制度;

2. 以批评、规劝、公示、_____等必要措施制止业主、物业使用人违反本临时公约和规章制度的行为；

3. ＿＿＿＿＿＿＿＿＿＿＿＿＿＿＿；
4. ＿＿＿＿＿＿＿＿＿＿＿＿＿＿＿。

第二十八条 建设单位应在物业管理区域内显著位置设置公告栏，用于张贴物业管理规章制度，以及应告知全体业主和物业使用人的通知、公告。

第二十九条 本物业管理区域内，物业服务收费采取包干制（酬金制）方式。业主应按照前期物业服务合同的约定按时足额交纳物业服务费用（物业服务资金）。

物业服务费用（物业服务资金）是物业服务活动正常开展的基础，涉及全体业主的共同利益，业主应积极倡导欠费业主履行交纳物业服务费用的义务。

第三十条 利用物业共用部位、共用设施设备进行经营的，应当在征得相关业主、物业管理企业的同意后，按规定办理有关手续，业主所得收益主要用于补充专项维修资金。

第六章 违约责任

第三十一条 业主违反本临时公约关于物业的使用、维护和管理的约定，妨碍物业正常使用或造成物业损害及其他损失的，其他业主和物业管理企业可依据本临时公约向人民法院提起诉讼。

第三十二条 业主违反本临时公约关于业主共同利益的约定，导致全体业主的共同利益受损的，其他业主和物业管理企业可依据本临时公约向人民法院提起诉讼。

第三十三条 建设单位未能履行本临时公约约定义务的，业主和物业管理企业可向有关行政主管部门投诉，也可根据本临时公约向人民法院提起诉讼。

第七章 附 则

第三十四条 本临时公约所称物业的专有部分，是指由单个业主独立使用并具有排他性的房屋、空间、场地及相关设施设备。

本临时公约所称物业的共用部位、共用设施设备，是指物业管理区域内单个业主专有部分以外的，属于多个或全体业主共同所有或使用的房屋、空间、场地及相关设施设备。

第三十五条 业主转让或出租物业时，应提前书面通知物业管理企业，并要求物业继受人签署本临时公约承诺书或承租人在租赁合同中承诺遵守本临时公约。

第三十六条 本临时公约由建设单位、物业管理企业和每位业主各执一份。

第三十七条 本临时公约自首位物业买受人承诺之日起生效，至业主大会制定的《业主公约》生效之日终止。

承 诺 书

本人为＿＿＿＿＿＿＿＿＿＿（物业名称及具体位置，以下称该物业）的买受人，为维护本物业管理区域内全体业主的共同利益，本人声明如下：

一、确认已详细阅读＿＿＿＿＿＿（建设单位）制定的"×××业主临时公约"（以下称"本临时公约"）；

二、同意遵守并倡导其他业主及物业使用人遵守本临时公约；

三、本人同意承担违反本临时公约的相应责任，并同意对该物业的使用人违反本临时公约的行为承担连带责任；

四、本人同意转让该物业时取得物业继受人签署的本临时公约承诺书并送交建设单位或物业管理企业，建设单位或物业管理企业收到物业继受人签署的承诺书前，本承诺继续有效。

承诺人（签章）

＿＿＿＿年＿＿月＿＿日

《业主临时公约（示范文本）》使用说明

1. 本示范文本仅供建设单位制定《业主临时公约》参考使用。

2. 建设单位可对本示范文本的条款内容进行选择、修改、增补或删减。

3. 本示范文本第三条、第三十七条所称业主是指拥有房屋所有权的房屋买受人，其他条款所称业主是指拥有房屋所有权的建设单位和房屋买受人。"

5.5 房屋建筑面积

5.5.1 《关于建筑面积问题的复函》规定：

"《建筑工程建筑面积计算规范》GB/T 50353—2005 适用于新建、扩建、改建的工业与民用建筑工程的面积计算，是计算单位工程每平方米预算造价的主要依据。

《房产测量规范》GB/T 17986.1—2000 适用于城市、建制镇的建成区和建成区以外的工矿企事业单位及其毗连居民点的房产测量。主要为房地产产权、产籍管理服务。

基于以上考虑，涉及房地产产权登记面积测量应适用《房产测量规范》。"

5.5.2 《房产测量》规定：

"**附录 B**

（提示的附录）

成套房屋的建筑面积和共有共用面积分摊

B1 成套房屋建筑面积的测算

B1.1 成套房屋的建筑面积

成套房屋的套内建筑面积由套内房屋的使用面积，套内墙体面积，套内阳台建筑面积三部分组成。

B1.2 套内房屋使用面积

套内房屋使用面积为套内房屋使用空间的面积，以水平投影面积按以下规定计算：

a）套内使用面积为套内卧室、起居室、过厅、过道、厨房、卫生间、厕所、贮藏室、壁柜等空间面积的总和。

b）套内楼梯按自然层数的面积总和计入使用面积。

c）不包括在结构面积内的套内烟囱、通风道、管道井均计入使用面积。

d）内墙面装饰厚度计入使用面积。

B1.3 套内墙体面积

套内墙体面积是套内使用空间周围的维护或承重墙体或其他承重支撑体所占的面积，其中各套之间的分隔墙和套与公共建筑空间的分隔墙以及外墙（包括山墙）等共有墙，均按水平投影面积的一半计入套内墙体面积。套内自有墙体按水平投影面积全部计入套内墙体面积。

B1.4 套内阳台建筑面积

……

套内阳台建筑面积均按阳台外围与房屋外墙之间的水平投影面积计算。其中封闭的阳台按水平投影全部计算建筑面积，未封闭的阳台按水平投影的一半计算建筑面积。

B2 共有共用面积的处理和分摊公式

B2.1 共有公用面积的内容

共有共用面积包括共有的房屋建筑面积和共用的房屋用地面积。

B2.2 共有共用面积的处理原则

a）产权各方有合法权属分割文件或协议的，按文件或协议规定执行。

b）无产权分割文件或协议的，可按相关房屋的建筑面积按比例进行分摊。

B2.3 共有共用面积按比例分摊的计算公式

按相关建筑面积进行共有或共用面积分摊，按下式计算：

$$\delta S_i = K \cdot S_i$$
$$K = \sum \delta S_i / \sum S_i$$

式中：K——为面积的分摊系数；

S_i——为各单元参加分摊的建筑面积，m^2；

δS_i——为各单元参加分摊所得的分摊面积，m^2；

$\sum \delta S_i$——为需要分摊的分摊面积总和，m^2；

$\sum S_i$——为参加分摊的各单元建筑面积总和，m^2。

B3 共有建筑面积的分摊

B3.1 共有建筑面积的内容

共有建筑面积的内容包括：电梯井、管道井、楼梯间、垃圾道、变电室、设备间、公共门厅、过道、地下室、值班警卫室等，以及为整幢服务的公共用房和管理用房的建筑面积，以水平投影面积计算。

共有建筑面积还包括套与公共建筑之间的分隔墙，以及外墙（包括山墙）水平投影面积一半的建筑面积。

独立使用的地下室、车棚、车库、为多幢服务的警卫室，管理用房，作为人防工程的地下室都不计入共有建筑面积。

B3.2 共有建筑面积的计算方法

整幢建筑物的建筑面积扣除整幢建筑物各套套内建筑面积之和，并扣除已作为独立使用的地下室、车棚、车库、为多幢服务的警卫室、管理用房以及人防工程等建筑面积，即为整幢建筑物的共有建筑面积。

B3.3 共有建筑面积的分摊方法

a）住宅楼共有建筑面积的分摊方法

住宅楼以幢为单元，依照 B2 的方法和计算公式，根据各套房屋的套内建筑面积，求得各套房屋分摊所得的共有建筑分摊面积。

b) 商住楼共有建筑面积的分摊方法

首先根据住宅和商业等的不同使用功能按各自的建筑面积将全幢的共有建筑面积分摊成住宅和商业两部分,即住宅部分分摊得到的全幢共有建筑面积和商业部分分摊得到的全幢共有建筑面积。然后住宅和商业部分将所得的分摊面积再各自进行分摊。

住宅部分:将分摊得到的幢共有建筑面积,加上住宅部分本身的共有建筑面积,依照 B2 的方法和公式,按各套的建筑面积分摊计算各套房屋的分摊面积。

商业部分:将分摊得到的幢共有建筑面积,加上本身的共有建筑面积,按各层套内的建筑面积依比例分摊至各层,作为各层共有建筑面积的一部分,加至各层的共有建筑面积中,得到各层总的共有建筑面积,然后再根据层内各套房屋的套内建筑面积按比例分摊至各套,求出各套房屋分摊得到的共有建筑面积。

c) 多功能综合楼共有建筑面积的分摊方法

多功能综合楼共有建筑面积按照各自的功能,参照商住楼的分摊计算方法进行分摊。"

(按:楼、电梯间面积分摊,各地做法不尽相同。当底层住户户门直接通向室外、人员进出不经过楼、电梯间时,少数城市认为这些底层住户不使用楼、电梯间,故不应分摊楼、电梯间面积;多数城市认为楼、电梯间是共用部分,所有住户都应分摊。)

5.5.3 《房产测绘管理办法》规定:

"**第六条** 有下列情形之一的,房屋权利申请人、房屋权利人或者其他利害关系人应当委托房产测绘单位进行房产测绘:

(一)申请产权初始登记的房屋;

(二)自然状况发生变化的房屋;

(三)房屋权利人或者其他利害关系人要求测绘的房屋。

房产管理中需要的房产测绘,由房地产行政主管部门委托房产测绘单位进行。"

"**第十条** 房产测绘所需费用由委托人支付。"

……

"第十六条 房产测绘成果包括：房产簿册、房产数据和房产图集等。

第十七条 当事人对房产测绘成果有异议的，可以委托国家认定的房产测绘成果鉴定机构鉴定。

第十八条 用于房屋权属登记等房产管理的房产测绘成果，房地产行政主管部门应当对施测单位的资格、测绘成果的适用性、界址点准确性、面积测算依据与方法等内容进行审核，审核后的房产测绘成果纳入房产档案统一管理。"

5.6 商品房租赁

5.6.1 《商品房租赁》规定：

"第二条 城市规划区内国有土地上的商品房屋租赁（以下简称房屋租赁）及其监督管理，适用本办法。"

"第六条 有下列情形之一的房屋不得出租：

（一）属于违法建筑的；

（二）不符合安全、防灾等工程建设强制性标准的；

（三）违反规定改变房屋使用性质的；

（四）法律、法规规定禁止出租的其他情形。

第七条 房屋租赁当事人应当依法订立租赁合同。房屋租赁合同的内容由当事人双方约定，一般应当包括以下内容：

（一）房屋租赁当事人的姓名（名称）和住所；

（二）房屋的坐落、面积、结构、附属设施，家具和家电等室内设施状况；

（三）租金和押金数额、支付方式；

（四）租赁用途和房屋使用要求；

（五）房屋和室内设施的安全性能；

（六）租赁期限；

（七）房屋维修责任；

（八）物业服务、水、电、燃气等相关费用的缴纳；

（九）争议解决办法和违约责任；

（十）其他约定。

房屋租赁当事人应当在房屋租赁合同中约定房屋被征收或者拆迁时的处理办法。

建设（房地产）管理部门可以会同工商行政管理部门制定房屋租赁合同示范文本，供当事人选用。

第八条 出租住房的，应当以原设计的房间为最小出租单位，人均租住建筑面积不得低于当地人民政府规定的最低标准。

厨房、卫生间、阳台和地下储藏室不得出租供人员居住。

第九条 出租人应当按照合同约定履行房屋的维修义务并确保房屋和室内设施安全。未及时修复损坏的房屋，影响承租人正常使用的，应当按照约定承担赔偿责任或者减少租金。房屋租赁合同期内，出租人不得单方面随意提高租金水平。

第十条 承租人应当按照合同约定的租赁用途和使用要求合理使用房屋，不得擅自改动房屋承重结构和拆改室内设施，不得损害其他业主和使用人的合法权益。

承租人因使用不当等原因造成承租房屋和设施损坏的，承租人应当负责修复或者承担赔偿责任。

第十一条 承租人转租房屋的，应当经出租人书面同意。

承租人未经出租人书面同意转租的，出租人可以解除租赁合同，收回房屋并要求承租人赔偿损失。

第十二条 房屋租赁期间内，因赠与、析产、继承或者买卖转让房屋的，原房屋租赁合同继续有效。

承租人在房屋租赁期间死亡的，与其生前共同居住的人可以按照原租赁合同租赁该房屋。

第十三条 房屋租赁期间出租人出售租赁房屋的，应当在出售前合理期限内通知承租人，承租人在同等条件下有优先购买权。

第十四条 房屋租赁合同订立后三十日内，房屋租赁当事人应当到租赁房屋所在地直辖市、市、县人民政府建设（房地产）

主管部门办理房屋租赁登记备案。

房屋租赁当事人可以书面委托他人办理租赁登记备案。

第十五条 办理房屋租赁登记备案,房屋租赁当事人应当提交下列材料:

(一)房屋租赁合同;

(二)房屋租赁当事人身份证明;

(三)房屋所有权证书或者其他合法权属证明;

(四)直辖市、市、县人民政府建设(房地产)主管部门规定的其他材料。

房屋租赁当事人提交的材料应当真实、合法、有效,不得隐瞒真实情况或者提供虚假材料。"

"第十八条 房屋租赁登记备案证明遗失的,应当向原登记备案的部门补领。

第十九条 房屋租赁登记备案内容发生变化、续租或者租赁终止的,当事人应当在三十日内,到原租赁登记备案的部门办理房屋租赁登记备案的变更、延续或者注销手续。"

"第二十一条 违反本办法第六条规定的,由直辖市、市、县人民政府建设(房地产)主管部门责令限期改正,对没有违法所得的,可处以五千元以下罚款;对有违法所得的,可以处以违法所得一倍以上三倍以下,但不超过三万元的罚款。

第二十二条 违反本办法第八条规定的,由直辖市、市、县人民政府建设(房地产)主管部门责令限期改正,逾期不改正的,可处以五千元以上三万元以下罚款。

第二十三条 违反本办法第十四条第一款、第十九条规定的,由直辖市、市、县人民政府建设(房地产)主管部门责令限期改正;个人逾期不改正的,处以一千元以下罚款;单位逾期不改正的,处以一千元以上一万元以下罚款。"

"第二十五条 保障性住房租赁按照国家有关规定执行。"

5.6.2 《治安处罚法》规定:

"第五十七条 房屋出租人将房屋出租给无身份证件的人居

住的，或者不按规定登记承租人姓名、身份证件种类和号码的，处二百元以上五百元以下罚款。

房屋出租人明知承租人利用出租房屋进行犯罪活动，不向公安机关报告的，处二百元以上五百元以下罚款；情节严重的，处五日以下拘留，可以并处五百元以下罚款。"

6 国有土地上房屋征收与补偿

6.1 国有土地上房屋征收与补偿

6.1.1 《房屋征收与补偿》规定：

"**第二条** 为了公共利益的需要，征收国有土地上单位、个人的房屋，应当对被征收房屋所有权人（以下称被征收人）给予公平补偿。

第三条 房屋征收与补偿应当遵循决策民主、程序正当、结果公开的原则。"

"**第五条** 房屋征收部门可以委托房屋征收实施单位，承担房屋征收与补偿的具体工作。房屋征收实施单位不得以营利为目的。

房屋征收部门对房屋征收实施单位在委托范围内实施的房屋征收与补偿行为负责监督，并对其行为后果承担法律责任。"

"**第七条** 任何组织和个人对违反本条例规定的行为，都有权向有关人民政府、房屋征收部门和其他有关部门举报。接到举报的有关人民政府、房屋征收部门和其他有关部门对举报应当及时核实、处理。

……"

"**第十条** 房屋征收部门拟定征收补偿方案，报市、县级人民政府。

市、县级人民政府应当组织有关部门对征收补偿方案进行论证并予以公布，征求公众意见。征求意见期限不得少于30日。

第十一条 市、县级人民政府应当将征求意见情况和根据公众意见修改的情况及时公布。

因旧城区改建需要征收房屋，多数被征收人认为征收补偿方案不符合本条例规定的，市、县级人民政府应当组织由被征收人和公众代表参加的听证会，并根据听证会情况修改方案。

第十二条 市、县级人民政府作出房屋征收决定前，应当按照有关规定进行社会稳定风险评估；房屋征收决定涉及被征收人数量较多的，应当经政府常务会议讨论决定。

作出房屋征收决定前，征收补偿费用应当足额到位、专户存储、专款专用。

第十三条 市、县级人民政府作出房屋征收决定后应当及时公告。公告应当载明征收补偿方案和行政复议、行政诉讼权利等事项。

市、县级人民政府及房屋征收部门应当做好房屋征收与补偿的宣传、解释工作。

房屋被依法征收的，国有土地使用权同时收回。

第十四条 被征收人对市、县级人民政府作出的房屋征收决定不服的，可以依法申请行政复议，也可以依法提起行政诉讼。

第十五条 房屋征收部门应当对房屋征收范围内房屋的权属、区位、用途、建筑面积等情况组织调查登记，被征收人应当予以配合。调查结果应当在房屋征收范围内向被征收人公布。

第十六条 房屋征收范围确定后，不得在房屋征收范围内实施新建、扩建、改建房屋和改变房屋用途等不当增加补偿费用的行为；违反规定实施的，不予补偿。

房屋征收部门应当将前款所列事项书面通知有关部门暂停办理相关手续。暂停办理相关手续的书面通知应当载明暂停期限，暂停期限最长不得超过1年。"

"第十七条 作出房屋征收决定的市、县级人民政府对被征收人给予的补偿包括：

（一）被征收房屋价值的补偿；

（二）因征收房屋造成的搬迁、临时安置的补偿；

（三）因征收房屋造成的停产停业损失的补偿。

市、县级人民政府应当制定补助和奖励办法，对被征收人给予补助和奖励。

第十八条 征收个人住宅，被征收人符合住房保障条件的，作出房屋征收决定的市、县级人民政府应当优先给予住房保障。具体办法由省、自治区、直辖市制定。"

"**第二十一条** 被征收人可以选择货币补偿，也可以选择房屋产权调换。

被征收人选择房屋产权调换的，市、县级人民政府应当提供用于产权调换的房屋，并与被征收人计算、结清被征收房屋价值与用于产权调换房屋价值的差价。

因旧城区改建征收个人住宅，被征收人选择在改建地段进行房屋产权调换的，作出房屋征收决定的市、县级人民政府应当提供改建地段或者就近地段的房屋。

第二十二条 因征收房屋造成搬迁的，房屋征收部门应当向被征收人支付搬迁费；选择房屋产权调换的，产权调换房屋交付前，房屋征收部门应当向被征收人支付临时安置费或者提供周转用房。

第二十三条 对因征收房屋造成停产停业损失的补偿，根据房屋被征收前的效益、停产停业期限等因素确定。具体办法由省、自治区、直辖市制定。

第二十四条 市、县级人民政府及其有关部门应当依法加强对建设活动的监督管理，对违反城乡规划进行建设的，依法予以处理。

市、县级人民政府作出房屋征收决定前，应当组织有关部门依法对征收范围内未经登记的建筑进行调查、认定和处理。对认定为合法建筑和未超过批准期限的临时建筑的，应当给予补偿；对认定为违法建筑和超过批准期限的临时建筑的，不予补偿。

第二十五条 房屋征收部门与被征收人依照本条例的规定，就补偿方式、补偿金额和支付期限、用于产权调换房屋的地点和面积、搬迁费、临时安置费或者周转用房、停产停业损失、搬迁期限、过渡方式和过渡期限等事项，订立补偿协议。

补偿协议订立后，一方当事人不履行补偿协议约定的义务的，另一方当事人可以依法提起诉讼。

第二十六条 房屋征收部门与被征收人在征收补偿方案确定的签约期限内达不成补偿协议，或者被征收房屋所有权人不明确的，由房屋征收部门报请作出房屋征收决定的市、县级人民政府依照本条例的规定，按照征收补偿方案作出补偿决定，并在房屋征收范围内予以公告。

补偿决定应当公平，包括本条例第二十五条第一款规定的有关补偿协议的事项。

被征收人对补偿决定不服的，可以依法申请行政复议，也可以依法提起行政诉讼。

第二十七条 实施房屋征收应当先补偿、后搬迁。

作出房屋征收决定的市、县级人民政府对被征收人给予补偿后，被征收人应当在补偿协议约定或者补偿决定确定的搬迁期限内完成搬迁。

任何单位和个人不得采取暴力、威胁或者违反规定中断供水、供热、供气、供电和道路通行等非法方式迫使被征收人搬迁。禁止建设单位参与搬迁活动。

第二十八条 被征收人在法定期限内不申请行政复议或者不提起行政诉讼，在补偿决定规定的期限内又不搬迁的，由作出房屋征收决定的市、县级人民政府依法申请人民法院强制执行。

强制执行申请书应当附具补偿金额和专户存储账号、产权调换房屋和周转用房的地点和面积等材料。

第二十九条 房屋征收部门应当依法建立房屋征收补偿档案，并将分户补偿情况在房屋征收范围内向被征收人公布。

审计机关应当加强对征收补偿费用管理和使用情况的监督，并公布审计结果。"

"**第三十条** 市、县级人民政府及房屋征收部门的工作人员在房屋征收与补偿工作中不履行本条例规定的职责，或者滥用职权、玩忽职守、徇私舞弊的，由上级人民政府或者本级人民政府责令改正，通报批评；造成损失的，依法承担赔偿责任；对直接负责的主管人员和其他直接责任人员，依法给予处分；构成犯罪的，依法追究刑事责任。

第三十一条 采取暴力、威胁或者违反规定中断供水、供热、供气、供电和道路通行等非法方式迫使被征收人搬迁，造成损失的，依法承担赔偿责任；对直接负责的主管人员和其他直接责任人员，构成犯罪的，依法追究刑事责任；尚不构成犯罪的，依法给予处分；构成违反治安管理行为的，依法给予治安管理处罚。

第三十二条 采取暴力、威胁等方法阻碍依法进行的房屋征收与补偿工作，构成犯罪的，依法追究刑事责任；构成违反治安管理行为的，依法给予治安管理处罚。

第三十三条 贪污、挪用、私分、截留、拖欠征收补偿费用的，责令改正，追回有关款项，限期退还违法所得，对有关责任单位通报批评、给予警告；造成损失的，依法承担赔偿责任；对直接负责的主管人员和其他直接责任人员，构成犯罪的，依法追究刑事责任；尚不构成犯罪的，依法给予处分。"

6.1.2 《房屋征收补偿案件问题的规定》规定：

"**第五条** 人民法院在审查期间，可以根据需要调取相关证据、询问当事人、组织听证或者进行现场调查。

第六条 征收补偿决定存在下列情形之一的，人民法院应当裁定不准予执行：

（一）明显缺乏事实根据；

（二）明显缺乏法律、法规依据；

（三）明显不符合公平补偿原则，严重损害被执行人合法权益，或者使被执行人基本生活、生产经营条件没有保障；

（四）明显违反行政目的，严重损害公共利益；

（五）严重违反法定程序或者正当程序；

（六）超越职权；

（七）法律、法规、规章等规定的其他不宜强制执行的情形。

人民法院裁定不准予执行的，应当说明理由，并在五日内将裁定送达申请机关。"

"第九条 人民法院裁定准予执行的，一般由作出征收补偿决定的市、县级人民政府组织实施，也可以由人民法院执行。"

6.2 国有土地上房屋征收评估

6.2.1 《房屋征收与补偿》规定：

"**第十九条** 对被征收房屋价值的补偿，不得低于房屋征收决定公告之日被征收房屋类似房地产的市场价格。被征收房屋的价值，由具有相应资质的房地产价格评估机构按照房屋征收评估办法评估确定。

对评估确定的被征收房屋价值有异议的，可以向房地产价格评估机构申请复核评估。对复核结果有异议的，可以向房地产价格评估专家委员会申请鉴定。

……

第二十条 房地产价格评估机构由被征收人协商选定；协商不成的，通过多数决定、随机选定等方式确定，具体办法由省、自治区、直辖市制定。

房地产价格评估机构应当独立、客观、公正地开展房屋征收评估工作，任何单位和个人不得干预。"

6.2.2 《房屋征收评估》规定：

"**第二条** 评估国有土地上被征收房屋和用于产权调换房屋的价值，测算被征收房屋类似房地产的市场价格，以及对相关评估结果进行复核评估和鉴定，适用本办法。

第三条 ……

任何单位和个人不得干预房屋征收评估、鉴定活动。与房屋征收当事人有利害关系的，应当回避。

第四条 房地产价格评估机构由被征收人在规定时间内协商选定；在规定时间内协商不成的，由房屋征收部门通过组织被征收人按照少数服从多数的原则投票决定，或者采取摇号、抽签等随机方式确定。具体办法由省、自治区、直辖市制定。

……"

"第六条 房地产价格评估机构选定或者确定后，一般由房屋征收部门作为委托人，向房地产价格评估机构出具房屋征收评估委托书，并与其签订房屋征收评估委托合同。

……"

"第八条 被征收房屋价值评估目的应当表述为'为房屋征收部门与被征收人确定被征收房屋价值的补偿提供依据，评估被征收房屋的价值'。

用于产权调换房屋价值评估目的应当表述为'为房屋征收部门与被征收人计算被征收房屋价值与用于产权调换房屋价值的差价提供依据，评估用于产权调换房屋的价值'。"

"第十条 被征收房屋价值评估时点为房屋征收决定公告之日。

用于产权调换房屋价值评估时点应当与被征收房屋价值评估时点一致。

第十一条 被征收房屋价值是指被征收房屋及其占用范围内的土地使用权在正常交易情况下，由熟悉情况的交易双方以公平交易方式在评估时点自愿进行交易的金额，但不考虑被征收房屋租赁、抵押、查封等因素的影响。

前款所述不考虑租赁因素的影响，是指评估被征收房屋无租约限制的价值；不考虑抵押、查封因素的影响，是指评估价值中不扣除被征收房屋已抵押担保的债权数额、拖欠的建设工程价款和其他法定优先受偿款。"

"第十二条 ……

被征收人应当协助注册房地产估价师对被征收房屋进行实地查勘，提供或者协助搜集被征收房屋价值评估所必需的情况和资料。

房屋征收部门、被征收人和注册房地产估价师应当在实地查勘记录上签字或者盖章确认。被征收人拒绝在实地查勘记录上签字或者盖章的,应当由房屋征收部门、注册房地产估价师和无利害关系的第三人见证,有关情况应当在评估报告中说明。"

"第十四条 被征收房屋价值评估应当考虑被征收房屋的区位、用途、建筑结构、新旧程度、建筑面积以及占地面积、土地使用权等影响被征收房屋价值的因素。

被征收房屋室内装饰装修价值,机器设备、物资等搬迁费用,以及停产停业损失等补偿,由征收当事人协商确定;协商不成的,可以委托房地产价格评估机构通过评估确定。"

"第十六条 ……房屋征收部门应当将分户的初步评估结果在征收范围内向被征收人公示。

公示期间,房地产价格评估机构应当安排注册房地产估价师对分户的初步评估结果进行现场说明解释。存在错误的,房地产价格评估机构应当修正。"

"第十九条 被征收人或者房屋征收部门对评估报告有疑问的,出具评估报告的房地产价格评估机构应当向其作出解释和说明。

第二十条 被征收人或者房屋征收部门对评估结果有异议的,应当自收到评估报告之日起 10 日内,向房地产价格评估机构申请复核评估。

申请复核评估的,应当向原房地产价格评估机构提出书面复核评估申请,并指出评估报告存在的问题。

第二十一条 原房地产价格评估机构应当自收到书面复核评估申请之日起 10 日内对评估结果进行复核。复核后,改变原评估结果的,应当重新出具评估报告;评估结果没有改变的,应当书面告知复核评估申请人。

第二十二条 被征收人或者房屋征收部门对原房地产价格评估机构的复核结果有异议的,应当自收到复核结果之日起 10 日内,向被征收房屋所在地评估专家委员会申请鉴定。被征收人对补偿仍有异议的,按照《国有土地上房屋征收与补偿条例》第二十六条规定处理。"

"**第二十五条** 评估专家委员会应当自收到鉴定申请之日起10日内,对申请鉴定评估报告的评估程序、评估依据、评估假设、评估技术路线、评估方法选用、参数选取、评估结果确定方式等评估技术问题进行审核,出具书面鉴定意见。

经评估专家委员会鉴定,评估报告不存在技术问题的,应当维持评估报告;评估报告存在技术问题的,出具评估报告的房地产价格评估机构应当改正错误,重新出具评估报告。"

"**第二十八条** 在房屋征收评估过程中,房屋征收部门或者被征收人不配合、不提供相关资料的,房地产价格评估机构应当在评估报告中说明有关情况。"

7 物权及房地产权属登记

7.1 物权

7.1.1 《物权法》规定：

"**第三十九条** 所有权人对自己的不动产或者动产，依法享有占有、使用、收益和处分的权利。"

"**第七十条** 业主对建筑物内的住宅、经营性用房等专有部分享有所有权，对专有部分以外的共有部分享有共有和共同管理的权利。

第七十一条 业主对其建筑物专有部分享有占有、使用、收益和处分的权利。业主行使权利不得危及建筑物的安全，不得损害其他业主的合法权益。

第七十二条 业主对建筑物专有部分以外的共有部分，享有权利，承担义务；不得以放弃权利不履行义务。

业主转让建筑物内的住宅、经营性用房，其对共有部分享有的共有和共同管理的权利一并转让。

第七十三条 建筑区划内的道路，属于业主共有，但属于城镇公共道路的除外。建筑区划内的绿地，属于业主共有，但属于城镇公共绿地或者明示属于个人的除外。建筑区划内的其他公共场所、公用设施和物业服务用房，属于业主共有。

第七十四条 建筑区划内，规划用于停放汽车的车位、车库应当首先满足业主的需要。

建筑区划内，规划用于停放汽车的车位、车库的归属，由当事人通过出售、附赠或者出租等方式约定。

占用业主共有的道路或者其他场地用于停放汽车的车位，属于业主共有。"

（按：建设单位在报规划审批时有车位比内容，即每户停车位数，必须符合规划部门要求，比如每户1个停车位，在销售公示文件上必须载明。停车位可以在室内，也可以在室外，室内的为车库，室外的为车位，这就是"规划用于停放汽车的车位、车库"，每个车位在上报和审批的规划图中都有明确定位，任何人不得随意改变。其归属"由当事人通过出售、附赠或者出租等方式约定。"有人认为规划用于车库的归属建设单位，而规划用于地面车位的归属小区业主，后者是不对的。至于在小区内由物业服务企业划线确定，"占用业主共有的道路或者其他场地用于停放汽车的车位，属于业主共有。"有人认为自己交了管理费，车位便归属自己，这是错误的。）

"**第七十七条** 业主不得违反法律、法规以及管理规约，将住宅改变为经营性用房。业主将住宅改变为经营性用房的，除遵守法律、法规以及管理规约外，应当经有利害关系的业主同意。"

"**第八十一条** 业主可以自行管理建筑物及其附属设施，也可以委托物业服务企业或者其他管理人管理。

对建设单位聘请的物业服务企业或者其他管理人，业主有权依法更换。

第八十二条 物业服务企业或者其他管理人根据业主的委托管理建筑区划内的建筑物及其附属设施，并接受业主的监督。

第八十三条 业主应当遵守法律、法规以及管理规约。

业主大会和业主委员会，对任意弃置垃圾、排放污染物或者噪声、违反规定饲养动物、违章搭建、侵占通道、拒付物业费等损害他人合法权益的行为，有权依照法律、法规以及管理规约，要求行为人停止侵害、消除危险、排除妨害、赔偿损失。业主对侵害自己合法权益的行为，可以依法向人民法院提起诉讼。"

"**第八十四条** 不动产的相邻权利人应当按照有利生产、方便生活、团结互助、公平合理的原则，正确处理相邻关系。

第八十五条 法律、法规对处理相邻关系有规定的，依照其规定；法律、法规没有规定的，可以按照当地习惯。"

"**第八十八条** 不动产权利人因建造、修缮建筑物以及铺设电线、电缆、水管、暖气和燃气管线等必须利用相邻土地、建筑物的，该土地、建筑物的权利人应当提供必要的便利。"

"**第九十条** 不动产权利人不得违反国家规定弃置固体废物，排放大气污染物、水污染物、噪声、光、电磁波辐射等有害物质。"

"**第九十二条** 不动产权利人因用水、排水、通行、铺设管线等利用相邻不动产的，应当尽量避免对相邻的不动产权利人造成损害；造成损害的，应当给予赔偿。"

"**第一百四十九条** 住宅建设用地使用权期间届满的，自动续期。

……"

7.1.2 《物业管理条例》规定：

"**第二十七条** 业主依法享有的物业共用部位、共用设施设备的所有权或者使用权，建设单位不得擅自处分。"

"**第三十八条** 物业管理用房的所有权依法属于业主。未经业主大会同意，物业服务企业不得改变物业管理用房的用途。"

（按：按照有些省份曾经出台的物业管理条例规定，某些住宅小区的物业管理用房面积过大，实有空余，如经业主大会同意，并依法经有关部门批准，且办理相关手续，也可适当、合理地改变用途。）

7.1.3 《最高院关于建筑物所有权解释》规定：

"**第二条** 建筑区划内符合下列条件的房屋，以及车位、摊位等特定空间，应当认定为物权法第六章所称的专有部分：

（一）具有构造上的独立性，能够明确区分；

（二）具有利用上的独立性，可以排他使用；

（三）能够登记成为特定业主所有权的客体。

规划上专属于特定房屋，且建设单位销售时已经根据规划列入该特定房屋买卖合同中的露台等，应当认定为物权法第六章所称专有部分的组成部分。

本条第一款所称房屋，包括整栋房屋。

第三条 除法律、行政法规规定的共有部分外，建筑区划内的以下部分，也应当认定为物权法第六章所称的共有部分：

（一）建筑物的基础、承重结构、外墙、屋顶等基本结构部分，通道、楼梯、大堂等公共通行部分，消防、公共照明等附属设施、设备，避难层、设备层或者设备间等结构部分；

（二）其他不属于业主专有部分，也不属于市政公用部分或者其他权利人所有的场所及设施等。

建筑区划内的土地，依法由业主共同享有建设用地使用权，但属于业主专有的整栋建筑物的规划占地或者城镇公共道路、绿地占地除外。"

（按：以上两点可以认为是共有部分的兜底性条件：1. 不属于业主专有部分；2. 不属于市政公用部分或者其他权利人所有。）

第四条 业主基于对住宅、经营性用房等专有部分特定使用功能的合理需要，无偿利用屋顶以及与其专有部分相对应的外墙面等共有部分的，不应认定为侵权。但违反法律、法规、管理规约，损害他人合法权益的除外。

第五条 建设单位按照配置比例将车位、车库，以出售、附赠或者出租等方式处分给业主的，应当认定其行为符合物权法第七十四条第一款有关"应当首先满足业主的需要"的规定。

前款所称配置比例是指规划确定的建筑区划内规划用于停放汽车的车位、车库与房屋套数的比例。

（按：配置比例即每户的车位数，由小区所在的地区规划部门按规定执行，如每户1个车位。车位可以是车库里的车位，也可以是规划用于停放汽车的地面车位。物业服务企业在马路上划线用于停车的车位不计入配置比例的车位。）

第六条 建筑区划内在规划用于停放汽车的车位之外，占用业主共有道路或者其他场地增设的车位，应当认定为物权法第七十四条第三款所称的车位。"

"第十条　业主将住宅改变为经营性用房，未按照物权法第七十七条的规定经有利害关系的业主同意，有利害关系的业主请求排除妨害、消除危险、恢复原状或者赔偿损失的，人民法院应予支持。

将住宅改变为经营性用房的业主以多数有利害关系的业主同意其行为进行抗辩的，人民法院不予支持。

第十一条　业主将住宅改变为经营性用房，本栋建筑物内的其他业主，应当认定为物权法第七十七条所称"有利害关系的业主"。建筑区划内，本栋建筑物之外的业主，主张与自己有利害关系的，应证明其房屋价值、生活质量受到或者可能受到不利影响。"

"第十四条　建设单位或者其他行为人擅自占用、处分业主共有部分、改变其使用功能或者进行经营性活动，权利人请求排除妨害、恢复原状、确认处分行为无效或者赔偿损失的，人民法院应予支持。

属于前款所称擅自进行经营性活动的情形，权利人请求行为人将扣除合理成本之后的收益用于补充专项维修资金或者业主共同决定的其他用途的，人民法院应予支持。行为人对成本的支出及其合理性承担举证责任。

第十五条　业主或者其他行为人违反法律、法规、国家相关强制性标准、管理规约，或者违反业主大会、业主委员会依法作出的决定，实施下列行为的，可以认定为物权法第八十三条第二款所称的其他"损害他人合法权益的行为"：

（一）损害房屋承重结构，损害或者违章使用电力、燃气、消防设施，在建筑物内放置危险、放射性物品等危及建筑物安全或者妨碍建筑物正常使用；

（二）违反规定破坏、改变建筑物外墙面的形状、颜色等损害建筑物外观；

（三）违反规定进行房屋装饰装修；

（四）违章加建、改建，侵占、挖掘公共通道、道路、场地或者其他共有部分。

第十六条 建筑物区分所有权纠纷涉及专有部分的承租人、借用人等物业使用人的,参照本解释处理。

专有部分的承租人、借用人等物业使用人,根据法律、法规、管理规约、业主大会或者业主委员会依法作出的决定,以及其与业主的约定,享有相应权利,承担相应义务。

第十七条 本解释所称建设单位,包括包销期满,按照包销合同约定的包销价格购买尚未销售的物业后,以自己名义对外销售的包销人。"

7.1.4 《侵权责任法》规定:

"**第二条** 侵害民事权益,应当依照本法承担侵权责任。

本法所称民事权益,包括生命权、健康权、姓名权、名誉权、荣誉权、肖像权、隐私权、婚姻自主权、监护权、所有权、用益物权、担保物权、著作权、专利权、商标专用权、发现权、股权、继承权等人身、财产权益。"

"**第六条** 行为人因过错侵害他人民事权益,应当承担侵权责任。根据法律规定推定行为人有过错,行为人不能证明自己没有过错的,应当承担侵权责任。

第七条 行为人损害他人民事权益,不论行为人有无过错,法律规定应当承担侵权责任的,依照其规定。"

"**第十五条** 承担侵权责任的方式主要有:

(一)停止侵害;

(二)排除妨碍;

(三)消除危险;

(四)返还财产;

(五)恢复原状;

(六)赔偿损失;

(七)赔礼道歉;

(八)消除影响、恢复名誉。

以上承担侵权责任的方式,可以单独适用,也可以合并适用。"

"第三十条 因正当防卫造成损害的，不承担责任。正当防卫超过必要的限度，造成不应有的损害的，正当防卫人应当承担适当的责任。"

"第三十五条 个人之间形成劳务关系，提供劳务一方因劳务造成他人损害的，由接受劳务一方承担侵权责任。提供劳务一方因劳务自己受到损害的，根据双方各自的过错承担相应的责任。"

"第四十五条 因产品缺陷危及他人人身、财产安全的，被侵权人有权请求生产者、销售者承担排除妨碍、消除危险等侵权责任。"

"第六十五条 因污染环境造成损害的，污染者应当承担侵权责任。"

"第七十八条 饲养的动物造成他人损害的，动物饲养人或者管理人应当承担侵权责任，但能够证明损害是因被侵权人故意或者重大过失造成的，可以不承担或者减轻责任。"

"第八十四条 饲养动物应当遵守法律，尊重社会公德，不得妨害他人生活。"

"第八十五条 建筑物、构筑物或者其他设施及其搁置物、悬挂物发生脱落、坠落造成他人损害，所有人、管理人或者使用人不能证明自己没有过错的，应当承担侵权责任。所有人、管理人或者使用人赔偿后，有其他责任人的，有权向其他责任人追偿。

第八十六条 建筑物、构筑物或者其他设施倒塌造成他人损害的，由建设单位与施工单位承担连带责任。建设单位、施工单位赔偿后，有其他责任人的，有权向其他责任人追偿。

因其他责任人的原因，建筑物、构筑物或者其他设施倒塌造成他人损害的，由其他责任人承担侵权责任。

第八十七条 从建筑物中抛掷物品或者从建筑物上坠落的物品造成他人损害，难以确定具体侵权人的，除能够证明自己不是侵权人的外，由可能加害的建筑物使用人给予补偿。

第八十八条 堆放物倒塌造成他人损害,堆放人不能证明自己没有过错的,应当承担侵权责任。

第八十九条 在公共道路上堆放、倾倒、遗撒妨碍通行的物品造成他人损害的,有关单位或者个人应当承担侵权责任。"

"**第九十一条** 在公共场所或者道路上挖坑、修缮安装地下设施等,没有设置明显标志和采取安全措施造成他人损害的,施工人应当承担侵权责任。

窨井等地下设施造成他人损害,管理人不能证明尽到管理职责的,应当承担侵权责任。"

7.1.5 《治安处罚法》规定:

"**第七十五条** 饲养动物,干扰他人正常生活的,处警告;警告后不改正的,或者放任动物恐吓他人的,处二百元以上五百元以下罚款。

……。"

7.2 房地产权属登记

7.2.1 《房地产管理法》规定:

"**第三十六条** 房地产转让、抵押,当事人应当依照本法第五章的规定办理权属登记。"

"**第六十条** 国家实行土地使用权和房屋所有权登记发证制度。

第六十一条 以出让或者划拨方式取得土地使用权,应当向县级以上地方人民政府土地管理部门申请登记,经县级以上地方人民政府土地管理部门核实,由同级人民政府颁发土地使用权证书。

在依法取得的房地产开发用地上建成房屋的,应当凭土地使用权证书向县级以上地方人民政府房产管理部门申请登记,由县级以上地方人民政府房产管理部门核实并颁发房屋所有权证书。

房地产转让或者变更时,应当向县级以上地方人民政府房产管理部门申请房产变更登记,并凭变更后的房屋所有权证书向同级人民政府土地管理部门申请土地使用权变更登记，经同级人民政府土地管理部门核实，由同级人民政府更换或者更改土地使用权证书。

法律另有规定的，依照有关法律的规定办理。

第六十二条 房地产抵押时，应当向县级以上地方人民政府规定的部门办理抵押登记。因处分抵押房地产而取得土地使用权和房屋所有权的，应当依照本章规定办理过户登记。

第六十三条 经省、自治区、直辖市人民政府确定，县级以上地方人民政府由一个部门统一负责房产管理和土地管理工作的，可以制作、颁发统一的房地产权证书，依照本法第六十一条的规定，将房屋的所有权和该房屋占用范围内的土地使用权的确认和变更，分别载入房地产权证书。"

7.2.2 《商品房预售》规定：

"第十二条 预售的商品房交付使用之日起90日内，承购人应当依法到房地产管理部门和市、县人民政府土地管理部门办理权属登记手续。开发企业应当予以协助，并提供必要的证明文件。

由于开发企业的原因，承购人未能在房屋交付使用之日起90日内取得房屋权属证书的，除开发企业和承购人有特殊约定外，开发企业应当承担违约责任。"

7.2.3 《物权法》规定：

"第六条 不动产物权的设立、变更、转让和消灭，应当依照法律规定登记。……"

"第九条 不动产物权的设立、变更、转让和消灭，经依法登记，发生效力；未经登记，不发生效力，但法律另有规定的除外。

……"

"第十四条 不动产物权的设立、变更、转让和消灭，依照法律规定应当登记的，自记载于不动产登记簿时发生效力。"

"第十七条 不动产权属证书是权利人享有该不动产物权的

证明。不动产权属证书记载的事项，应当与不动产登记簿一致；记载不一致的，除有证据证明不动产登记簿确有错误外，以不动产登记簿为准。

第十八条　权利人、利害关系人可以申请查询、复制登记资料，登记机构应当提供。"

7.2.4　《房屋登记办法》规定：

"第二条　本办法所称房屋登记，是指房屋登记机构依法将房屋权利和其他应当记载的事项在房屋登记簿上予以记载的行为。"

"第四条　房屋登记，由房屋所在地的房屋登记机构办理。

本办法所称房屋登记机构，是指直辖市、市、县人民政府建设（房地产）主管部门或者其设置的负责房屋登记工作的机构。

第五条　房屋登记机构应当建立本行政区域内统一的房屋登记簿。……"

"第七条　办理房屋登记，一般依照下列程序进行：

（一）申请；

（二）受理；

（三）审核；

（四）记载于登记簿；

（五）发证。

房屋登记机构认为必要时，可以就登记事项进行公告。

第八条　办理房屋登记，应当遵循房屋所有权和房屋占用范围内的土地使用权权利主体一致的原则。

第九条　房屋登记机构应当依照法律、法规和本办法规定，确定申请房屋登记需要提交的材料，并将申请登记材料目录公示。

第十条　房屋应当按照基本单元进行登记。房屋基本单元是指有固定界限、可以独立使用并且有明确、唯一的编号（幢号、室号等）的房屋或者特定空间。

国有土地范围内成套住房，以套为基本单元进行登记；非成套住房，以房屋的幢、层、间等有固定界限的部分为基本单元进行登记。……

……

第十一条　申请房屋登记，申请人应当向房屋所在地的房屋登记机构提出申请，并提交申请登记材料。

申请登记材料应当提供原件。不能提供原件的，应当提交经有关机关确认与原件一致的复印件。

申请人应当对申请登记材料的真实性、合法性、有效性负责，不得隐瞒真实情况或者提供虚假材料申请房屋登记。

第十二条　申请房屋登记，应当由有关当事人双方共同申请，但本办法另有规定的除外。

……"

"第十四条　未成年人的房屋，应当由其监护人代为申请登记。监护人代为申请未成年人房屋登记的，应当提交证明监护人身份的材料；因处分未成年人房屋申请登记的，还应当提供为未成年人利益的书面保证。"

"第十六条　申请房屋登记的，申请人应当按照国家有关规定缴纳登记费。"

"第十九条　办理下列房屋登记，房屋登记机构应当实地查看：

（一）房屋所有权初始登记；

（二）在建工程抵押权登记；

（三）因房屋灭失导致的房屋所有权注销登记；

（四）法律、法规规定的应当实地查看的其他房屋登记。

房屋登记机构实地查看时，申请人应当予以配合。"

"第二十一条　房屋登记机构将申请登记事项记载于房屋登记簿之前，申请人可以撤回登记申请。"

"第二十六条　房屋权属证书、登记证明与房屋登记簿记载不一致的，除有证据证明房屋登记簿确有错误外，以房屋登记簿为准。

第二十七条 房屋权属证书、登记证明破损的,权利人可以向房屋登记机构申请换发。房屋登记机构换发前,应当收回原房屋权属证书、登记证明,并将有关事项记载于房屋登记簿。

房屋权属证书、登记证明遗失、灭失的,权利人在当地公开发行的报刊上刊登遗失声明后,可以申请补发。房屋登记机构予以补发的,应当将有关事项在房屋登记簿上予以记载。补发的房屋权属证书、登记证明上应当注明"补发"字样。

……"

"**第三十条** 因合法建造房屋申请房屋所有权初始登记的,应当提交下列材料:

(一)登记申请书;

(二)申请人身份证明;

(三)建设用地使用权证明;

(四)建设工程符合规划的证明;

(五)房屋已竣工的证明;

(六)房屋测绘报告;

(七)其他必要材料。"

"**第三十二条** 发生下列情形之一的,当事人应当在有关法律文件生效或者事实发生后申请房屋所有权转移登记:

(一)买卖;

(二)互换;

(三)赠与;

(四)继承、受遗赠;

(五)房屋分割、合并,导致所有权发生转移的;

(六)以房屋出资入股;

(七)法人或者其他组织分立、合并,导致房屋所有权发生转移的;

(八)法律、法规规定的其他情形。"

"**第三十六条** 发生下列情形之一的,权利人应当在有关法律文件生效或者事实发生后申请房屋所有权变更登记:

（一）房屋所有权人的姓名或者名称变更的；
（二）房屋坐落的街道、门牌号或者房屋名称变更的；
（三）房屋面积增加或者减少的；
（四）同一所有权人分割、合并房屋的；
（五）法律、法规规定的其他情形。"

"第三十八条 经依法登记的房屋发生下列情形之一的，房屋登记簿记载的所有权人应当自事实发生后申请房屋所有权注销登记：

（一）房屋灭失的；
（二）放弃所有权的；
（三）法律、法规规定的其他情形。"

"第四十一条 经登记的房屋所有权消灭后，原权利人未申请注销登记的，房屋登记机构可以依据人民法院、仲裁委员会的生效法律文书或者人民政府的生效征收决定办理注销登记，将注销事项记载于房屋登记簿，原房屋所有权证收回或者公告作废。

第四十二条 以房屋设定抵押的，当事人应当申请抵押权登记。"

"第六十三条 在房屋上设立地役权的，当事人可以申请地役权设立登记。"

"第六十七条 有下列情形之一的，当事人可以申请预告登记：

（一）预购商品房；
（二）以预购商品房设定抵押；
（三）房屋所有权转让、抵押；
（四）法律、法规规定的其他情形。"

7.2.5 《房屋面积与权属登记》规定：

"三、房屋权属登记涉及的有关房屋建筑面积计算问题，《房产测量规范》未作规定或规定不明确的，暂按下列规定执行：

（一）房屋层高

计算建筑面积的房屋，层高（高度）均应在2.20米以上

（含 2.20 米，以下同）。

……

（三）斜面结构屋顶

房屋屋顶为斜面结构（坡屋顶）的，层高（高度）2.20 米以上的部位计算建筑面积。

（四）不规则围护物

阳台、挑廊、架空通廊的外围水平投影超过其底板外沿的，以底板水平投影计算建筑面积。

……

（六）非垂直墙体

对倾斜、弧状等非垂直墙体的房屋，层高（高度）2.20 米以上的部位计算建筑面积。

房屋墙体向外倾斜，超出底板外沿的，以底板投影计算建筑面积。

……

四、房屋套内具有使用功能但层高（高度）低于 2.20 米的部分，在房屋权属登记中应明确其相应权利的归属。"

7.2.6 **《房屋权属登记查询》规定：**

"**第二条** 本办法适用于城市房屋权属登记机关已登记的房屋权属登记信息的查询。

第三条 本办法所称房屋权属登记信息，包括原始登记凭证和房屋权属登记机关对房屋权利的记载信息。"

"**第七条** 房屋权属登记机关对房屋权利的记载信息，单位和个人可以公开查询。"

"**第十三条** 查询房屋权属登记信息，应当在查询机构指定场所内进行。查询人不得损坏房屋权属登记信息的载体，不得损坏查询设备。

查询原始登记凭证，应由查询机构指定专人负责查询，查询人不能直接接触原始登记凭证。

第十四条 查询人要求出具查询结果证明的，查询机构经审核后，可以出具查询结果证明。查询结果证明应注明查询日期及房屋权属信息利用用途。

有下列不能查询情形的，查询机构可以出具无查询结果的书面证明：

（一）按查询人提供的房屋坐落或权属证书编号无法查询的；

（二）要求查询的房屋尚未进行权属登记的；

（三）要求查询的事项、资料不存在的。"

"**第十六条** 查询人对查询中涉及的国家机密、个人隐私和商业秘密负有保密义务，不得泄露给他人，也不得不正当使用。

第十七条 房屋权属登记信息的查询按照国家有关规定收取相关费用。"

7.2.7 《房屋登记簿管理》规定：

"**第二条** 房屋登记簿（以下简称"登记簿"）是房屋权利归属和内容的根据，是房屋登记机构（以下简称"登记机构"）制作和管理的，用于记载房屋基本状况、房屋权利状况以及其他依法应当登记事项的特定簿册。"

"**第六条** 建筑区划内依法属于业主共有的公共场所、公用设施和物业服务用房，应在房屋初始登记时单独记载，建立登记簿，并与建筑区划内房屋基本单元的登记簿形成关联。"

"**第八条** 登记簿的房屋基本状况部分，记载房屋编号、房屋坐落、所在建筑物总层数、建筑面积、规划用途、房屋结构、土地权属性质、国有土地使用权取得方式、集体土地使用权类型、地号、土地证号、土地使用年限房地产平面图等。"

"**第九条** 登记簿的房屋权利状况部分，记载房屋所有权、他项权利等有关情况。

房屋所有权的内容，记载房屋所有权人、身份证明号码、户籍所在地、共有情况、房屋所有权取得方式、房屋所有权证书号、补换证情况、房屋性质、《房屋登记办法》第四十一条规定的注销事项等。

房屋他项权利的内容，记载抵押权人、抵押人和债务人、被担保主债权的数额、担保范围、债务履行期限、房屋他项权利证书号、补换证情况；最高额抵押权人、抵押人和债务人、最高债权额、担保范围、债务履行期限、债权确定的期间、最高债权额已经确定的事实和数额；在建工程抵押权人、抵押人和债务人、被担保主债权的数额或最高债权额、担保范围、债务履行期限、在建工程抵押登记证明号；地役权人、地役权设立情况、地役权利用期限等。"

"**第十四条** 个人和单位提供身份证明材料，可以查询登记簿中房屋的基本状况及查封、抵押等权利限制状况；权利人提供身份证明材料、利害关系人提供身份证明材料和证明其属于利害关系人的材料等，可以查询、复制该房屋登记簿上的相关信息。

有关查询的程序和办法，按《房屋登记信息查询暂行办法》（建住房[2006]244号）的有关规定执行。"

7.2.8 《关于房屋登记费的通知》规定：

"一、房屋登记费是指县级以上地方人民政府房地产主管部门对房屋权属依法进行各类登记时，向申请人收取的费用。

二、房屋登记费按件收取，不得按照房屋的面积、体积或者价款的比例收取。

三、住房登记收费标准为每件80元；非住房房屋登记收费标准为每件550元。

住房登记一套为一件；非住房登记的房屋权利人按规定申请并完成一次登记的为一件。

四、房屋登记收费标准中包含房屋权属证书费。房地产主管部门按规定核发一本房屋权属证书免收证书费。向一个以上房屋权利人核发房屋权属证书时，每增加一本证书加收证书工本费10元。

五、房屋登记费向申请人收取。但按规定需由当事人双方共同申请的，只能向登记为房屋权利人的一方收取。

六、房屋查封登记、注销登记和因登记机关错误造成的更正登记，不收取房屋登记费。

8 住宅室内装饰装修

(按：关于建筑工程装饰装修，目前流行多种习惯说法，如建筑装饰、建筑装修、建筑装饰装修、建筑装潢等。一些书籍和国家及地方文件也说法不一，如国家《建筑法》和国务院《质量管理条例》用"装修"，而建设部《室内装饰装修》和国家标准《住宅装修规范》用"装饰装修"。以上说法虽不统一，但由于大家对此建筑活动司空见惯，故对不同说法均不会误解。建议平时说法用"装修"，文件如合同等用"装饰装修"。)

8.1 装饰装修管理

8.1.1 《加强住宅装饰装修管理》规定：

"二、严格管理制度，落实相关责任

各级建设主管部门要根据国务院《建设工程质量管理条例》和《住宅室内装饰装修管理办法》（建设部令第110号）等有关规定，进一步完善本地区住宅装饰装修管理制度，落实装修人、装修企业和物业服务企业等住宅管理单位的责任。要加快建立装修企业信用管理制度，严格对装修人和装修企业违法违规行为的处罚。要坚持完善装修开工申报制度，装饰装修企业要严格执行《住宅装饰装修工程施工规范》（GB 5037—2001），确保装修质量。要采取切实有效措施，充分调动物业服务企业等住宅管理单位、居委会和住宅使用者参与监督的积极性，逐步形成各方力量共同参与、相互配合的联合监督机制。

三、切实加强监管，确保质量安全

各级建设主管部门要会同有关部门，切实加强住宅装饰装修过程中的监督巡查，发现未经批准擅自开工、不按装修方案施工或破坏房屋结构行为的，责令立即整改。物业服务企业等住宅管理单位应按照装饰装修管理服务协议进行现场检查，进一步强化竣工验收环节的管理，发现影响结构质量安全的问题，应要求装修人和装修企业改正，并报政府主管部门处理。建设主管部门要健全装修投诉举报机制，对住宅装饰装修中出现的影响公众利益的质量事故和质量缺陷，必须依法认真调查，立即责令纠正，严肃处理。

四、完善扶持政策，推广全装修房

各地要继续贯彻落实《关于推进住宅产业现代化提高住宅质量若干意见》（国办发［1999］72号）和《商品住宅装修一次到位实施导则》（建住房［2002］190号），制定出台相关扶持政策，引导和鼓励新建商品住宅一次装修到位或菜单式装修模式。要根据本地实际，科学规划，分步实施，逐步达到取消毛坯房，直接向消费者提供全装修成品房的目标。"

8.1.2 《物业管理条例》规定：

"**第五十三条** 业主需要装饰装修房屋的，应当事先告知物业服务企业。

物业服务企业应当将房屋装饰装修中的禁止行为和注意事项告知业主。"

（按：考虑到大部分业主对相关法律法规、装饰装修中的禁止行为和注意事项不甚了解，对房屋结构不清楚，条例规定物业服务企业在得知业主装饰装修后，应将有关问题予以告知。）

8.1.3 《室内装饰装修》规定：

（按：一 统一规定）

"**第二条** 在城市从事住宅室内装饰装修活动，实施对住宅室内装饰装修活动的监督管理，应当遵守本办法。

本办法所称住宅室内装饰装修，是指住宅竣工验收合格后，业主或者住宅使用人（以下简称装修人）对住宅室内进行装饰装修的建筑活动。

第三条 住宅室内装饰装修应当保证工程质量和安全，符合工程建设强制性标准。"

"**第五条** 住宅室内装饰装修活动,禁止下列行为:

(一)未经原设计单位或者具有相应资质等级的设计单位提出设计方案,变动建筑主体和承重结构;

(二)将没有防水要求的房间或者阳台改为卫生间、厨房间;

(三)扩大承重墙上原有的门窗尺寸,拆除连接阳台的砖、混凝土墙体;

(四)损坏房屋原有节能设施,降低节能效果;

(五)其他影响建筑结构和使用安全的行为。

本办法所称建筑主体,是指建筑实体的结构构造,包括屋盖、楼盖、梁、柱、支撑、墙体、连接接点和基础等。

本办法所称承重结构,是指直接将本身自重与各种外加作用力系统地传递给基础地基的主要结构构件和其连接接点,包括承重墙体、立杆、柱、框架柱、支墩、楼板、梁、屋架、悬索等。"

"**第七条** 住宅室内装饰装修超过设计标准或者规范增加楼面荷载的,应当经原设计单位或者具有相应资质等级的设计单位提出设计方案。

第八条 改动卫生间、厨房间防水层的,应当按照防水标准制订施工方案,并做闭水试验。"

"**第十二条** 装修人和装饰装修企业从事住宅室内装饰装修活动,不得侵占公共空间,不得损害公共部位和设施。"

"**第十六条** 装修人,或者装修人和装饰装修企业,应当与物业管理单位签订住宅室内装饰装修管理服务协议。

住宅室内装饰装修管理服务协议应当包括下列内容:

(一)装饰装修工程的实施内容;

(二)装饰装修工程的实施期限;

(三)允许施工的时间;

(四)废弃物的清运与处置;

(五)住宅外立面设施及防盗窗的安装要求;

(六)禁止行为和注意事项;

(七)管理服务费用;

(八)违约责任;

(九)其他需要约定的事项。"

"第十八条 有关部门接到物业管理单位关于装修人或者装饰装修企业有违反本办法行为的报告后,应当及时到现场检查核实,依法处理。"

"第二十一条 任何单位和个人对住宅室内装饰装修中出现的影响公众利益的质量事故、质量缺陷以及其他影响周围住户正常生活的行为,都有权检举、控告、投诉。"

"第二十四条 装修人与装饰装修企业应当签订住宅室内装饰装修书面合同,明确双方的权利和义务。

住宅室内装饰装修合同应当包括下列主要内容:

(一)委托人和被委托人的姓名或者单位名称、住所地址、联系电话;

(二)住宅室内装饰装修的房屋间数、建筑面积,装饰装修的项目、方式、规格、质量要求以及质量验收方式;

(三)装饰装修工程的开工、竣工时间;

(四)装饰装修工程保修的内容、期限;

(五)装饰装修工程价格,计价和支付方式、时间;

(六)合同变更和解除的条件;

(七)违约责任及解决纠纷的途径;

(八)合同的生效时间;

(九)双方认为需要明确的其他条款。

第二十五条 住宅室内装饰装修工程发生纠纷的,可以协商或者调解解决。不愿协商、调解或者协商、调解不成的,可以依法申请仲裁或者向人民法院起诉。"

"第二十九条 装修人委托企业对住宅室内进行装饰装修的,装饰装修工程竣工后,空气质量应当符合国家有关标准。装修人可以委托有资格的检测单位对空气质量进行检测。检测不合格的,装饰装修企业应当返工,并由责任人承担相应损失。

第三十条 住宅室内装饰装修工程竣工后，装修人应当按照工程设计合同约定和相应的质量标准进行验收。验收合格后，装饰装修企业应当出具住宅室内装饰装修质量保修书。

物业管理单位应当按照装饰装修管理服务协议进行现场检查，对违反法律、法规和装饰装修管理服务协议的，应当要求装修人和装饰装修企业纠正，并将检查记录存档。"

"**第三十二条** 在正常使用条件下，住宅室内装饰装修工程的最低保修期限为二年，有防水要求的厨房、卫生间和外墙面的防渗漏为五年。保修期自住宅室内装饰装修工程竣工验收合格之日起计算。"

（按：二　业主装饰装修活动）

"**第六条** 装修人从事住宅室内装饰装修活动，未经批准，不得有下列行为：

（一）搭建建筑物、构筑物；

（二）改变住宅外立面，在非承重外墙上开门、窗；

（按：非承重外墙属于维护结构，其自身、与主体构件联接都存在结构问题，有的可能还影响建筑节能，不能认为非承重外墙就可以随意改造。开门、开窗意味着立面改变，即是改变了已批准的规划。外墙开门、窗还改变了原节能设计，也需要设计复核和有关方面批准。）

（三）拆改供暖管道和设施；

（四）拆改燃气管道和设施。

本条所列第（一）项、第（二）项行为，应当经城市规划行政主管部门批准；第（三）项行为，应当经供暖管理单位批准；第（四）项行为应当经燃气管理单位批准。"

"**第九条** 装修人经原设计单位或者具有相应资质等级的设计单位提出设计方案变动建筑主体和承重结构的，或者装修活动涉及本办法第六条、第七条、第八条内容的，必须委托具有相应资质的装饰装修企业承担。"

"**第十三条** 装修人在住宅室内装饰装修工程开工前，应当向物业管理企业或者房屋管理机构（以下简称物业管理单位）申报登记。

非业主的住宅使用人对住宅室内进行装饰装修，应当取得业主的书面同意。

第十四条　申报登记应当提交下列材料：

（一）房屋所有权证（或者证明其合法权益的有效凭证）；

（二）申请人身份证件；

（三）装饰装修方案；

（四）变动建筑主体或者承重结构的，需提交原设计单位或者具有相应资质等级的设计单位提出的设计方案；

（五）涉及本办法第六条行为的，需提交有关部门的批准文件，涉及本办法第七条、第八条行为的，需提交设计方案或者施工方案；

（六）委托装饰装修企业施工的，需提供该企业相关资质证书的复印件。

非业主的住宅使用人，还需提供业主同意装饰装修的书面证明。

第十五条　……

装修人对住宅进行装饰装修前，应当告知邻里。"

"第二十条　装修人不得拒绝和阻碍物业管理单位依据住宅室内装饰装修管理服务协议的约定，对住宅室内装饰装修活动的监督检查。"

"第二十三条　装修人委托企业承接其装饰装修工程的，应当选择具有相应资质等级的装饰装修企业。"

（按：三　装饰装修企业装饰装修活动）

"第十条　装饰装修企业必须按照工程建设强制性标准和其他技术标准施工，不得偷工减料，确保装饰装修工程质量。

第十一条　装饰装修企业从事住宅室内装饰装修活动，应当遵守施工安全操作规程，按照规定采取必要的安全防护和消防措施，不得擅自动用明火和进行焊接作业，保证作业人员和周围住房及财产的安全。"

"第二十二条 承接住宅室内装饰装修工程的装饰装修企业，必须经建设行政主管部门资质审查，取得相应的建筑业企业资质证书，并在其资质等级许可的范围内承揽工程。"

"第二十六条 装饰装修企业从事住宅室内装饰装修活动，应当严格遵守规定的装饰装修施工时间，降低施工噪音，减少环境污染。

第二十七条 住宅室内装饰装修过程中所形成的各种固体、可燃液体等废物，应当按照规定的位置、方式和时间堆放和清运。严禁违反规定将各种固体、可燃液体等废物堆放于住宅垃圾道、楼道或者其他地方。

第二十八条 住宅室内装饰装修工程使用的材料和设备必须符合国家标准，有质量检验合格证明和有中文标识的产品名称、规格、型号、生产厂厂名、厂址等。禁止使用国家明令淘汰的建筑装饰装修材料和设备。"

"第三十一条 住宅室内装饰装修工程竣工后，装饰装修企业负责采购装饰装修材料及设备的，应当向业主提交说明书、保修单和环保说明书。"

（按：四 物业服务企业装饰装修活动）

"第十五条 物业管理单位应当将住宅室内装饰装修工程的禁止行为和注意事项告知装修人和装修人委托的装饰装修企业。
……"

"第十七条 物业管理单位应当按照住宅室内装饰装修管理服务协议实施管理，发现装修人或者装饰装修企业有本办法第五条行为的，或者未经有关部门批准实施本办法第六条所列行为的，或者有违反本办法第七条、第八条、第九条规定行为的，应当立即制止；已造成事实后果或者拒不改正的，应当及时报告有关部门依法处理。对装修人或者装饰装修企业违反住宅室内装饰装修管理服务协议的，追究违约责任。"

"第十九条 禁止物业管理单位向装修人指派装饰装修企业

或者强行推销装饰装修材料。"

（按：五 法律责任）

"第三十三条 因住宅室内装饰装修活动造成相邻住宅的管道堵塞、渗漏水、停水停电、物品毁坏等，装修人应当负责修复和赔偿；属于装饰装修企业责任的，装修人可以向装饰装修企业追偿。

装修人擅自拆改供暖、燃气管道和设施造成损失的，由装修人负责赔偿。

第三十四条 装修人因住宅室内装饰装修活动侵占公共空间，对公共部位和设施造成损害的，由城市房地产行政主管部门责令改正，造成损失的，依法承担赔偿责任。

第三十五条 装修人未申报登记进行住宅室内装饰装修活动的，由城市房地产行政主管部门责令改正，处5百元以上1千元以下的罚款。

第三十六条 装修人违反本办法规定，将住宅室内装饰装修工程委托给不具有相应资质等级企业的，由城市房地产行政主管部门责令改正，处5百元以上1千元以下的罚款。"

第三十七条 装饰装修企业自行采购或者向装修人推荐使用不符合国家标准的装饰装修材料，造成空气污染超标的，由城市房地产行政主管部门责令改正，造成损失的，依法承担赔偿责任。

第三十八条 住宅室内装饰装修活动有下列行为之一的，由城市房地产行政主管部门责令改正，并处罚款：

（一）将没有防水要求的房间或者阳台改为卫生间、厨房间的，或者拆除连接阳台的砖、混凝土墙体的，对装修人处5百元以上1千元以下的罚款，对装饰装修企业处1千元以上1万元以下的罚款；

（二）损坏房屋原有节能设施或者降低节能效果的，对装饰装修企业处1千元以上5千元以下的罚款；

（三）擅自拆改供暖、燃气管道和设施的，对装修人处5百元以上1千元以下的罚款；

（四）未经原设计单位或者具有相应资质等级的设计单位提出设计方案，擅自超过设计标准或者规范增加楼面荷载的，对装修人处5百元以上1千元以下的罚款，对装饰装修企业处1千元以上1万元以下的罚款。

第三十九条 未经城市规划行政主管部门批准，在住宅室内装饰装修活动中搭建建筑物、构筑物的，或者擅自改变住宅外立面、在非承重外墙上开门、窗的，由城市规划行政主管部门按照《城市规划法》及相关法规的规定处罚。

第四十条 装修人或者装饰装修企业违反《建设工程质量管理条例》的，由建设行政主管部门按照有关规定处罚。

第四十一条 装饰装修企业违反国家有关安全生产规定和安全生产技术规程，不按照规定采取必要的安全防护和消防措施，擅自动用明火作业和进行焊接作业的，或者对建筑安全事故隐患不采取措施予以消除的，由建设行政主管部门责令改正，并处1千元以上1万元以下的罚款；情节严重的，责令停业整顿，并处1万元以上3万元以下的罚款；造成重大安全事故的，降低资质等级或者吊销资质证书。

第四十二条 物业管理单位发现装修人或者装饰装修企业有违反本办法规定的行为不及时向有关部门报告的，由房地产行政主管部门给予警告，可处装饰装修管理服务协议约定的装饰装修管理服务费2至3倍的罚款。

第四十三条 有关部门的工作人员接到物业管理单位对装修人或者装饰装修企业违法行为的报告后，未及时处理，玩忽职守的，依法给予行政处分。"

8.2 装饰装修施工

8.2.1 《住宅装修规范》规定：

"3.1.3 施工中，严禁损坏房屋原有绝热设施；严禁损坏受力钢筋；严禁超荷载集中堆放物品；严禁在预制混凝土空心楼板上打孔安装埋件。"

"3.1.7 施工现场用电应符合下列规定：

　　1 施工现场用电应从户表以后设立临时施工用电系统。

　　2 安装、维修或拆除临时施工用电系统，应由电工完成。

　　3 临时施工供电开关箱中应装设漏电保护器。进入开关箱的电源线不得用插销连接。

　　4 临时用电线路应避开易燃、易爆物品堆放地。

　　5 暂停施工时应切断电源。"

"3.1.9 文明施工和现场环境应符合下列要求：

　　1 施工人员应衣着整齐。

　　2 施工人员应服从物业管理或治安保卫人员的监督、管理。

　　3 应控制粉尘、污染物、噪声、震动等对相邻居民、居民区和城市环境的污染及危害。

　　4 施工堆料不得占用楼道内的公共空间，封堵紧急出口。

　　5 室外堆料应遵守物业管理规定，避开公共通道、绿化地、化粪池等市政公用设施。

　　6 工程垃圾宜密封包装，并放在指定垃圾堆放地。

　　7 不得堵塞、破坏上下水管道、垃圾道等公共设施，不得损坏楼内各种公共标识。

　　8 工程验收前应将施工现场清理干净。"

"4.1.1 施工单位必须制定施工防火安全制度，施工人员必须严格遵守。"

"4.3.4 施工现场动用气焊等明火时，必须清除周围及焊渣滴落区的可燃物质，并设专人监督。"

"4.3.6 严禁在施工现场吸烟。

4.3.7 严禁在运行中的管道、装有易燃易爆的容器和受力构件上进行焊接和切割。"

"6.1.7 防水工程应做两次蓄水试验。"

"6.3.2 地漏、套管、卫生洁具根部、阴阳角等部位，应先做防水附加层。

6.3.3 防水层应从地面延伸到墙面,高出地面 100mm;浴室墙面的防水层不得低于 1800mm。"

"**10.1.6** 推拉门窗扇必须有防脱落措施,扇与框的搭接且应符合设计要求。"

"**15.3.1** 各种卫生设备与地面或墙体的连接应用金属固定件安装牢固。金属固定件应进行防腐处理。当墙体为多孔砖墙时,应凿孔填实水泥砂浆后再进行固定件安装。当墙体为轻质隔墙时,应在墙体内设后置埋件,后置埋件应与墙体连接牢固。"

"**16.1.2** 电气安装施工人员应持证上岗。"

"**16.1.6** 工程竣工时应向业主提供电气工程竣工图。"

"**16.3.6** 电源线及插座与电视线及插座的水平间距不应小于 500mm。"

"**16.3.7** 电线与暖气、热水、煤气管之间的平行距离不应小于 300mm,交叉距离不应小于 100mm。"

"**16.3.9** 安装电源插座时,面向插座的左侧应接零线(N),右侧应接相线(L),中间上方应接保护地线(PE)。"

"**16.3.13** 同一室内的电源、电话、电视等插座面板应在同一水平标高上,高差应小于 5mm。"

(按:住宅装饰装修时,以下两种管线开槽敷设需注意:一是在剪力墙或承重墙中敷设管线,必须竖直方向开槽;二是在楼板中敷设管线,只能在粉刷层中开槽敷设,不得进入楼板中。)

8.2.2 《室内环境控制规范》规定:

(按:该规范所称室内环境污染系指由建筑材料和装饰装修材料产生的室内环境污染。工程交付使用后的生活和工作环境等室内环境污染不属于此。)

"**3.2.1** <u>民用建筑工程室内用人造木板及饰面人造木板,必须测定游离甲醛含量或游离甲醛释放量。</u>"

"**4.1.1** <u>新建、扩建的民用建筑工程设计前,应进行建筑工程所</u>

121

在城市区域土壤中氡浓度或土壤表面氡析出率调查，并提交相应的调查报告。未进行过区域土壤中氡浓度或土壤表面氡析出率测定的，应进行建筑场地土壤中氡浓度或土壤氡析出率测定，并提交相应的检测报告。"

"**4.3.9** 民用建筑工程室内装修中所使用的木地板及其他木质材料，严禁采用沥青、煤焦油类防腐、防潮处理剂。"

"**5.1.2** 当建筑材料和装修材料进场检验，发现不符合设计要求及本规范的规定时，严禁使用。"

"**5.2.1** 民用建筑工程中所采用的无机非金属建筑材料和装修材料必须有放射性指标检测报告，并应符合设计要求和本规范的有关规定。"

"**5.2.3** 民用建筑工程室内装修中所采用的人造木板及饰面人造木板，必须有游离甲醛含量或游离甲醛释放量检测报告，并应符合设计要求和本规范的有关规定。"

"**5.2.5** 民用建筑工程室内装修中所采用的水性涂料、水性胶粘剂、水性处理剂必须有同批次产品的挥发性有机化合物（VOC）和游离甲醛含量检测报告；溶剂型涂料、溶剂型胶粘剂必须有同批次产品的挥发性有机化合物（VOC）、苯、甲苯十二甲苯、游离甲苯二异氰酸脂（TDI）含量检测报告，并应符合设计要求和本规范的有关规定。

5.2.6 建筑材料和装修材料的检测项目不全或对检测结果有疑问时，必须将材料送有资格的检测机构进行检验，检测合格后方可使用。"

"**5.3.3** 民用建筑工程室内装修时，不应使用苯、工业苯、石油苯、重质苯及混苯作为稀释剂和溶剂。"

"**5.3.6** 民用建筑工程室内严禁使用有机溶剂清洗施工工具。"

"**6.0.3** 民用建筑工程所用建筑材料和装修材料的类别、数量和施工工艺等，应符合设计要求和本规范的有关规定。

6.0.4 民用建筑工程验收时，必须进行室内环境污染物浓度检测，其限量应符合表6.0.4的规定。

表6.0.4 民用建筑工程室内环境污染物浓度限量

污染物	Ⅰ类民用建筑工程	Ⅱ类民用建筑工程
氡（Bq/m^3）	≤200	≤400
甲醛（mg/m^3）	≤0.08	≤0.1
苯（mg/m^3）	≤0.09	≤0.09
氨（mg/m^3）	≤0.2	≤0.2
TVOC（mg/m^3）	≤0.5	≤0.6

注：1 表中污染物浓度测量值，除氡外均指室内测量值扣除同步测定的室外上风向空气测量值（本底值）后的测量值。
  2 表中污染物浓度测量值的极限值判定，采用全数值比较法。"

（按：1 Ⅰ类民用建筑工程：住宅、医院、老年建筑、幼儿园、学校教室等。
  2 TVOC：在本规范规定的检测条件下，所测得空气中挥发性有机化合物总量。简称TVOC。）

"6.0.19 当室内环境污染物浓度的全部检测结果符合本规范表6.0.4的规定时，可判定该工程室内环境质量合格。"

"6.0.21 室内环境质量验收不合格的民用建筑工程，严禁投入使用。"

9 物 业 管 理

(按：对于房屋等建筑物的管理，业主可以采取自行管理、委托不同的专业服务公司管理和选聘物业服务企业等方式进行，选聘物业服务企业不是唯一方式。本条例仅指业主通过选聘物业服务企业的管理方式。物业管理的基础是物业服务合同，物业管理内容由业主与物业服务企业在物业服务合同中约定。)

9.1 建设单位相关工作

9.1.1 《物业管理条例》规定：

"**第二十一条** 在业主、业主大会选聘物业服务企业之前，建设单位选聘物业服务企业的，应当签订书面的前期物业服务合同。

(按：在物业建成之后、业主大会成立之前，物业管理活动往往已经存在。此时选聘物业服务企业，并与之签订物业服务合同，即前期物业服务合同，只能由建设单位进行。

前期物业服务合同是过渡性的，一旦全体业主选聘了物业服务企业，与之签订的合同生效，就意味着前期物业管理阶段结束。前期物业服务合同是要式合同，即法律要求必须具备一定形式的合同。)

第二十二条 建设单位应当在销售物业之前，制定临时管理规约，对有关物业的使用、维护、管理，业主的共同利益，业主应当履行的义务，违反临时管理规约应当承担的责任等事项依法作出约定。

建设单位制定的临时管理规约，不得侵害物业买受人的合法权益。

(按：在建设单位销售物业之前、物业买受人购买物业之时、业主大会制定管理规约之前、由建设单位制定的管理规约为临时管理规约。)

第二十三条　建设单位应当在物业销售前将临时管理规约向物业买受人明示，并予以说明。

物业买受人在与建设单位签订物业买卖合同时，应当对遵守临时管理规约予以书面承诺。

第二十四条　国家提倡建设单位按照房地产开发与物业管理相分离的原则，通过招投标的方式选聘具有相应资质的物业服务企业。

住宅物业的建设单位，应当通过招投标的方式选聘具有相应资质的物业服务企业；投标人少于3个或者住宅规模较小的，经物业所在地的区、县人民政府房地产行政主管部门批准，可以采用协议方式选聘具有相应资质的物业服务企业。

第二十五条　建设单位与物业买受人签订的买卖合同应当包含前期物业服务合同约定的内容。

第二十六条　前期物业服务合同可以约定期限；但是，期限未满、业主委员会与物业服务企业签订的物业服务合同生效的，前期物业服务合同终止。"

"第二十九条　在办理物业承接验收手续时，建设单位应当向物业服务企业移交下列资料：

（一）竣工总平面图，单体建筑、结构、设备竣工图，配套设施、地下管网工程竣工图等竣工验收资料；

（二）设施设备的安装、使用和维护保养等技术资料；

（三）物业质量保修文件和物业使用说明文件；

（四）物业管理所必需的其他资料。

物业服务企业应当在前期物业服务合同终止时将上述资料移交给业主委员会。

第三十条　建设单位应当按照规定在物业管理区域内配置必要的物业管理用房。

第三十一条　建设单位应当按照国家规定的保修期限和保修

范围，承担物业的保修责任。"

（按：物业保修责任是指建设单位有对物业竣工验收后在保修期内出现不符合建筑强制性标准和合同约定的质量缺陷，予以保证修复的责任。）

"**第五十七条** 违反本条例的规定，住宅物业的建设单位未通过招投标的方式选聘物业服务企业或者未经批准，擅自采用协议方式选聘物业服务企业的，由县级以上地方人民政府房地产行政主管部门责令限期改正，给予警告，可以并处 10 万元以下的罚款。

第五十八条 违反本条例的规定，建设单位擅自处分属于业主的物业共用部位、共用设施设备的所有权或者使用权的，由县级以上地方人民政府房地产行政主管部门处 5 万元以上 20 万元以下的罚款；给业主造成损失的，依法承担赔偿责任。"

"第六十四条 违反本条例的规定，建设单位在物业管理区域内不按照规定配置必要的物业管理用房的，由县级以上地方人民政府房地产行政主管部门责令限期改正，给予警告，没收违法所得，并处 10 万元以上 50 万元以下的罚款。"

9.1.2 《物业承接查验办法》规定：

"**第六条** 建设单位与物业买受人签订的物业买卖合同，应当约定其所交付物业的共用部位、共用设施设备的配置和建设标准。

第七条 建设单位制定的临时管理规约，应当对全体业主同意授权物业服务企业代为查验物业共用部位、共用设施设备的事项作出约定。"

"**第九条** 建设单位应当按照国家有关规定和物业买卖合同的约定，移交权属明确、资料完整、质量合格、功能完备、配套齐全的物业。

第十条 建设单位应当在物业交付使用 15 日前，与选聘的物业服务企业完成物业共用部位、共用设施设备的承接查验工作。

第十一条　实施承接查验的物业，应当具备以下条件：

（一）建设工程竣工验收合格，取得规划、消防、环保等主管部门出具的认可或者准许使用文件，并经建设行政主管部门备案；

（二）供水、排水、供电、供气、供热、通信、公共照明、有线电视等市政公用设施设备按规划设计要求建成，供水、供电、供气、供热已安装独立计量表具；

（三）教育、邮政、医疗卫生、文化体育、环卫、社区服务等公共服务设施已按规划设计要求建成；

（四）道路、绿地和物业服务用房等公共配套设施按规划设计要求建成，并满足使用功能要求；

（五）电梯、二次供水、高压供电、消防设施、压力容器、电子监控系统等共用设施设备取得使用合格证书；

（六）物业使用、维护和管理的相关技术资料完整齐全；

（七）法律、法规规定的其他条件。"

"**第十四条**　现场查验20日前，建设单位应当向物业服务企业移交下列资料：

（一）竣工总平面图，单体建筑、结构、设备竣工图，配套设施、地下管网工程竣工图等竣工验收资料；（按：本条内容同《物业管理条例》第二十九条。）

（二）共用设施设备清单及其安装、使用和维护保养等技术资料；

（三）供水、供电、供气、供热、通信、有线电视等准许使用文件；

（四）物业质量保修文件和物业使用说明文件；

（五）承接查验所必需的其他资料。

未能全部移交前款所列资料的，建设单位应当列出未移交资料的详细清单并书面承诺补交的具体时限。"

"**第十七条**　建设单位应当依法移交有关单位的供水、供电、供气、供热、通信和有线电视等共用设施设备，不作为物业服务企业现场检查和验收的内容。"

"第三十二条 物业交接后,建设单位未能按照物业承接查验协议的约定,及时解决物业共用部位、共用设施设备存在的问题,导致业主人身、财产安全受到损害的,应当依法承担相应的法律责任。

第三十三条 物业交接后,发现隐蔽工程质量问题,影响房屋结构安全和正常使用的,建设单位应当负责修复;给业主造成经济损失的,建设单位应当依法承担赔偿责任。"

"第三十六条 建设单位应当按照国家规定的保修期限和保修范围,承担物业共用部位、共用设施设备的保修责任。

建设单位可以委托物业服务企业提供物业共用部位、共用设施设备的保修服务,服务内容和费用由双方约定。

第三十七条 建设单位不得凭借关联关系滥用股东权利,在物业承接查验中免除自身责任,加重物业服务企业的责任,损害物业买受人的权益。

第三十八条 建设单位不得以物业交付期限届满为由,要求物业服务企业承接不符合交用条件或者未经查验的物业。"

"第四十三条 建设单位不移交有关承接查验资料的,由物业所在地房地产行政主管部门责令限期改正;逾期仍不移交的,对建设单位予以通报,并按照《物业管理条例》第五十九条的规定处罚。"

9.2 物业服务企业相关工作

9.2.1 《物业管理条例》规定:

"第二十八条 物业服务企业承接物业时,应当对物业共用部位、共用设施设备进行查验。"

"第三十二条 从事物业管理活动的企业应当具有独立的法人资格。

国家对从事物业管理活动的企业实行资质管理制度。具体办法由国务院建设行政主管部门制定。

第三十三条 从事物业管理的人员应当按照国家有关规定，取得职业资格证书。

第三十四条 一个物业管理区域由一个物业服务企业实施物业管理。"

"第三十六条 物业服务企业应当按照物业服务合同的约定，提供相应的服务。

物业服务企业未能履行物业服务合同的约定，导致业主人身、财产安全受到损害的，应当依法承担相应的法律责任。

（按：本条中所谓"依法"，主要是指依照《民法通则》、《合同法》、《刑法》以及本条例等法律、法规的规定。所谓"相应"，一是根据不同的情况，承担不同类型的责任；二是根据物业服务合同的不同约定，承担不同的责任。）

第三十七条 物业服务企业承接物业时，应当与业主委员会办理物业验收手续。

业主委员会应当向物业服务企业移交本条例第二十九条第一款规定的资料。"

"第三十九条 物业服务合同终止时，物业服务企业应当将物业管理用房和本条例第二十九条第一款规定的资料交还给业主委员会。

物业服务合同终止时，业主大会选聘了新的物业服务企业的，物业服务企业之间应当做好交接工作。

第四十条 物业服务企业可以将物业管理区域内的专项服务业务委托给专业性服务企业，但不得将该区域内的全部物业管理一并委托给他人。"

（按：物业服务企业委托合同的内容不得与物业服务合同内容相抵触，专业性服务企业在履行委托服务合同时，不得侵害业主的合法权益。物业服务企业就专业性服务企业提供的服务向业主负责。）

"第四十四条 物业服务企业可以根据业主的委托提供物业服务合同约定以外的服务项目，服务报酬由双方约定。"

"**第四十六条** 对物业管理区域内违反有关治安、环保、物业装饰装修和使用等方面法律、法规规定的行为,物业服务企业应当制止,并及时向有关行政管理部门报告。

有关行政管理部门在接到物业服务企业的报告后,应当依法对违法行为予以制止或者依法处理。

第四十七条 物业服务企业应当协助做好物业管理区域内的安全防范工作。发生安全事故时,物业服务企业在采取应急措施的同时,应当及时向有关行政管理部门报告,协助做好救助工作。

物业服务企业雇请保安人员的,应当遵守国家有关规定。保安人员在维护物业管理区域内的公共秩序时,应当履行职责,不得侵害公民的合法权益。"

"**第六十条** 违反本条例的规定,未取得资质证书从事物业管理的,由县级以上地方人民政府房地产行政主管部门没收违法所得,并处5万元以上20万元以下的罚款;给业主造成损失的,依法承担赔偿责任。

以欺骗手段取得资质证书的,依照本条第一款规定处罚,并由颁发资质证书的部门吊销资质证书。

第六十一条 违反本条例的规定,物业服务企业聘用未取得物业管理职业资格证书的人员从事物业管理活动的,由县级以上地方人民政府房地产行政主管部门责令停止违法行为,处5万元以上20万元以下的罚款;给业主造成损失的,依法承担赔偿责任。

第六十二条 违反本条例的规定,物业服务企业将一个物业管理区域内的全部物业管理一并委托给他人的,由县级以上地方人民政府房地产行政主管部门责令限期改正,处委托合同价款30%以上50%以下的罚款;情节严重的,由颁发资质证书的部门吊销资质证书。委托所得收益,用于物业管理区域内物业共用部位、共用设施设备的维修、养护,剩余部分按照业主大会的决定使用;给业主造成损失的,依法承担赔偿责任。"

房屋权利人因丢失、损坏等原因申请补领证书，只收取房屋权属证书费。

……"

"八、收取房屋登记费，应按规定到指定的价格主管部门办理收费许可证，并使用各省、自治区、直辖市财政部门统一印制的票据。执收单位要公布规定的收费项目和标准，自觉接受价格、财政部门的监督检查。"

7.2.9 《最高院关于房屋登记问题的规定》规定：

"第一条 公民、法人或者其他组织对房屋登记机构的房屋登记行为以及与查询、复制登记资料等事项相关的行政行为或者相应的不作为不服，提起行政诉讼的，人民法院应当依法受理。"

"第三条 公民、法人或者其他组织对房屋登记行为不服提起行政诉讼的，不受下列情形的影响：

（一）房屋灭失；

（二）房屋登记行为已被登记机构改变；

（三）生效法律文书将房屋权属证书、房屋登记簿或者房屋登记证明作为定案证据采用。"

"第六条 人民法院受理房屋登记行政案件后，应当通知没有起诉的下列利害关系人作为第三人参加行政诉讼：

（一）房屋登记簿上载明的权利人；

（二）被诉异议登记、更正登记、预告登记的权利人；

（三）人民法院能够确认的其他利害关系人。"

"第九条 被告对被诉房屋登记行为的合法性负举证责任。被告保管证据原件的，应当在法庭上出示。被告不保管原件的，应当提交与原件核对一致的复印件、复制件并作出说明。当事人对被告提交的上述证据提出异议的，应当提供相应的证据。"

"第十二条 申请人提供虚假材料办理房屋登记，给原告造成损害，房屋登记机构未尽合理审慎职责的，应当根据其过错程度及其在损害发生中所起作用承担相应的赔偿责任。"

"**第六十五条** 违反本条例的规定，未经业主大会同意，物业服务企业擅自改变物业管理用房的用途的，由县级以上地方人民政府房地产行政主管部门责令限期改正，给予警告，并处1万元以上10万元以下的罚款；有收益的，所得收益用于物业管理区域内物业共用部位、共用设施设备的维修、养护，剩余部分按照业主大会的决定使用。"

9.2.2 《物业承接查验办法》规定：

"**第十五条** 物业服务企业应当对建设单位移交的资料进行清点和核查，重点核查共用设施设备出厂、安装、试验和运行的合格证明文件。

第十六条 物业服务企业应当对下列物业共用部位、共用设施设备进行现场检查和验收：

（一）共用部位：一般包括建筑物的基础、承重墙体、柱、梁、楼板、屋顶以及外墙、门厅、楼梯间、走廊、楼道、扶手、护栏、电梯井道、架空层及设备间等；

（二）共用设备：一般包括电梯、水泵、水箱、避雷设施、消防设备、楼道灯、电视天线、发电机、变配电设备、给排水管线、电线、供暖及空调设备等；

（三）共用设施：一般包括道路、绿地、人造景观、围墙、大门、信报箱、宣传栏、路灯、排水沟、渠、池、污水井、化粪池、垃圾容器、污水处理设施、机动车（非机动车）停车设施、休闲娱乐设施、消防设施、安防监控设施、人防设施、垃圾转运设施以及物业服务用房等。"

"**第二十九条** 物业服务企业应当自物业交接后30日内，持下列文件向物业所在地的区、县（市）房地产行政主管部门办理备案手续：

（一）前期物业服务合同；

（二）临时管理规约；

（三）物业承接查验协议；

（四）建设单位移交资料清单；

(五)查验记录;

(六)交接记录;

(七)其他承接查验有关的文件。"

"第三十四条 自物业交接之日起,物业服务企业应当全面履行前期物业服务合同约定的、法律法规规定的以及行业规范确定的维修、养护和管理义务,承担因管理服务不当致使物业共用部位、共用设施设备毁损或者灭失的责任。

第三十五条 物业服务企业应当将承接查验有关的文件、资料和记录建立档案并妥善保管。

……前期物业服务合同终止,业主大会选聘新的物业服务企业的,原物业服务企业应当在前期物业服务合同终止之日起10日内,向业主委员会移交物业承接查验档案。"

"第三十九条 物业服务企业擅自承接未经查验的物业,因物业共用部位、共用设施设备缺陷给业主造成损害的,物业服务企业应当承担相应的赔偿责任。"

9.3 建设单位与物业服务企业物业共同查验

9.3.1 《物业承接查验办法》规定:

"第三条 物业承接查验应当遵循诚实信用、客观公正、权责分明以及保护业主共有财产的原则。

第四条 鼓励物业服务企业通过参与建设工程的设计、施工、分户验收和竣工验收等活动,向建设单位提供有关物业管理的建议,为实施物业承接查验创造有利条件。"

(按:当建设单位自己组建物业服务企业时,可以保证以上内容实施,且效果较好。社会上的物业服务企业目前实施尚有一定的困难。)

"第八条 建设单位与物业服务企业签订的前期物业服务合同,应当包含物业承接查验的内容。

前期物业服务合同就物业承接查验的内容没有约定或者约定不明确的,建设单位与物业服务企业可以协议补充。

不能达成补充协议的，按照国家标准、行业标准履行；没有国家标准、行业标准的，按照通常标准或者符合合同目的的特定标准履行。"

"**第十二条** 实施物业承接查验，主要依据下列文件：

（一）物业买卖合同；

（二）临时管理规约；

（三）前期物业服务合同；

（四）物业规划设计方案；

（五）建设单位移交的图纸资料；

（六）建设工程质量法规、政策、标准和规范。

第十三条 物业承接查验按照下列程序进行：

（一）确定物业承接查验方案；

（二）移交有关图纸资料；

（三）查验共用部位、共用设施设备；

（四）解决查验发现的问题；

（五）确认现场查验结果；

（六）签订物业承接查验协议；

（七）办理物业交接手续。"

"**第十八条** 现场查验应当综合运用核对、观察、使用、检测和试验等方法，重点查验物业共用部位、共用设施设备的配置标准、外观质量和使用功能。

第十九条 现场查验应当形成书面记录。查验记录应当包括查验时间、项目名称、查验范围、查验方法、存在问题、修复情况以及查验结论等内容，查验记录应当由建设单位和物业服务企业参加查验的人员签字确认。

第二十条 现场查验中，物业服务企业应当将物业共用部位、共用设施设备的数量和质量不符合约定或者规定的情形，书面通知建设单位，建设单位应当及时解决并组织物业服务企业复验。

第二十一条 建设单位应当委派专业人员参与现场查验，与物业服务企业共同确认现场查验的结果,签订物业承接查验协议。

第二十二条 物业承接查验协议应当对物业承接查验基本情况、存在问题、解决方法及其时限、双方权利义务、违约责任等事项作出明确约定。

第二十三条 物业承接查验协议作为前期物业服务合同的补充协议,与前期物业服务合同具有同等法律效力。

第二十四条 建设单位应当在物业承接查验协议签订后10日内办理物业交接手续,向物业服务企业移交物业服务用房以及其他物业共用部位、共用设施设备。

第二十五条 物业承接查验协议生效后,当事人一方不履行协议约定的交接义务,导致前期物业服务合同无法履行的,应当承担违约责任。

第二十六条 交接工作应当形成书面记录。交接记录应当包括移交资料明细、物业共用部位、共用设施设备明细、交接时间、交接方式等内容。交接记录应当由建设单位和物业服务企业共同签章确认。

第二十七条 分期开发建设的物业项目,可以根据开发进度,对符合交付使用条件的物业分期承接查验。建设单位与物业服务企业应当在承接最后一期物业时,办理物业项目整体交接手续。

第二十八条 物业承接查验费用的承担,由建设单位和物业服务企业在前期物业服务合同中约定。没有约定或者约定不明确的,由建设单位承担。"

"**第三十条** 建设单位和物业服务企业应当将物业承接查验备案情况书面告知业主。

第三十一条 物业承接查验可以邀请业主代表以及物业所在地房地产行政主管部门参加,可以聘请相关专业机构协助进行,物业承接查验的过程和结果可以公证。"

"**第四十条** 建设单位与物业服务企业恶意串通、弄虚作假,在物业承接查验活动中共同侵害业主利益的，双方应当共同承担赔偿责任。"

"第四十二条　建设单位、物业服务企业未按本办法履行承接查验义务的，由物业所在地房地产行政主管部门责令限期改正；逾期仍不改正的，作为不良经营行为记入企业信用档案，并予以通报。"

"第四十四条　物业承接查验中发生的争议，可以申请物业所在地房地产行政主管部门调解，也可以委托有关行业协会调解。

第四十五条　前期物业服务合同终止后，业主委员会与业主大会选聘的物业服务企业之间的承接查验活动，可以参照执行本办法。"

9.4　物业的使用与维护

9.4.1　《物业管理条例》规定：

"第五十条　物业管理区域内按照规划建设的公共建筑和共用设施，不得改变用途。

业主依法确需改变公共建筑和共用设施用途的，应当在依法办理有关手续后告知物业服务企业；物业服务企业确需改变公共建筑和共用设施用途的，应当提请业主大会讨论决定同意后，由业主依法办理有关手续。

第五十一条　业主、物业服务企业不得擅自占用、挖掘物业管理区域内的道路、场地，损害业主的共同利益。

因维修物业或者公共利益，业主确需临时占用、挖掘道路、场地的，应当征得业主委员会和物业服务企业的同意；物业服务企业确需临时占用、挖掘道路、场地的，应当征得业主委员会的同意。

业主、物业服务企业应当将临时占用、挖掘的道路、场地，在约定期限内恢复原状。

第五十二条　供水、供电、供气、供热、通信、有线电视等单位，应当依法承担物业管理区域内相关管线和设施设备维修、养护的责任。

前款规定的单位因维修、养护等需要，临时占用、挖掘道路、场地的，应当及时恢复原状。"

"**第五十五条** 利用物业共用部位、共用设施设备进行经营的，应当在征得相关业主、业主大会、物业服务企业的同意后，按照规定办理有关手续。业主所得收益应当主要用于补充专项维修资金，也可以按照业主大会的决定使用。

第五十六条 物业存在安全隐患，危及公共利益及他人合法权益时，责任人应当及时维修养护，有关业主应当给予配合。

责任人不履行维修养护义务的，经业主大会同意，可以由物业服务企业维修养护，费用由责任人承担。"

"**第五十九条** 违反本条例的规定，不移交有关资料的，由县级以上地方人民政府房地产行政主管部门责令限期改正；逾期仍不移交有关资料的，对建设单位、物业服务企业予以通报，处1万元以上10万元以下的罚款。"

"**第六十六条** 违反本条例的规定，有下列行为之一的，由县级以上地方人民政府房地产行政主管部门责令限期改正，给予警告，并按照本条第二款的规定处以罚款；所得收益，用于物业管理区域内物业共用部位、共用设施设备的维修、养护，剩余部分按照业主大会的决定使用：

（一）擅自改变物业管理区域内按照规划建设的公共建筑和共用设施用途的；

（二）擅自占用、挖掘物业管理区域内道路、场地，损害业主共同利益的；

（三）擅自利用物业共用部位、共用设施设备进行经营的。

个人有前款规定行为之一的，处1000元以上1万元以下的罚款；单位有前款规定行为之一的，处5万元以上20万元以下的罚款。"

9.4.2 《治安处罚法》规定：

"**第三十七条** 有下列行为之一的，处五日以下拘留或者五百元以下罚款；情节严重的，处五日以上十日以下拘留，可以并处五百元以下罚款：

（一）未经批准，安装、使用电网的，或者安装、使用电网不符合安全规定的；

（二）在车辆、行人通行的地方施工，对沟井坎穴不设覆盖物、防围和警示标志的，或者故意损毁、移动覆盖物、防围和警示标志的；

（三）盗窃、损毁路面井盖、照明等公共设施的。"

"**第五十八条** 违反关于社会生活噪声污染防治的法律规定，制造噪声干扰他人正常生活的，处警告；警告后不改正的，处二百元以上五百元以下罚款。"

9.4.3 《住宅建筑规范》GB 50368—2005 规定：

"**11.0.4** 用户应正确使用住宅内电气、燃气、给水排水等设施，不得在楼面上堆放影响楼盖安全的重物，严禁未经设计确认和有关部门批准擅自改动承重结构、主要使用功能或建筑外观，不得拆改水、暖、电、燃气、通信等配套设施。

11.0.5 对公共门厅、公共走廊、公共楼梯间、外墙面、屋面等住宅的共用部位，用户不得自行拆改或占用。

11.0.6 住宅和居住区内按照规划建设的公共建筑和共用设施，不得擅自改变其用途。

11.0.7 物业管理企业应对住宅和相关场地进行日常保养、维修和管理；对各种共用设备和设施，应进行日常维护、按计划检修，并及时更新，保证正常运行。

11.0.8 必须保持消防设施完好和消防通道畅通。"

（按：近年来，居住小区消防设施完好率低和消防通道被挤占的情况比较普遍，尤其是小汽车大量进入家庭以来，停车占用消防通道的现象越来越严重，一旦发生火灾，将给扑救工作带来巨大困难，因此必须保持消防设施完好和消防通道畅通。）

9.4.4 《最高院审理物业纠纷案解释》规定：

"**第一条** 建设单位依法与物业服务企业签订的前期物业服务合同，以及业主委员会与业主大会依法选聘的物业服务企业签订的物业服务合同，对业主具有约束力。业主以其并非合同当事人为由提出抗辩的，人民法院不予支持。

第二条 符合下列情形之一，业主委员会或者业主请求确认合同或者合同相关条款无效的，人民法院应予支持：

（一）物业服务企业将物业服务区域内的全部物业服务业务一并委托他人而签订的委托合同；

（二）物业服务合同中免除物业服务企业责任、加重业主委员会或者业主责任、排除业主委员会或者业主主要权利的条款。

前款所称物业服务合同包括前期物业服务合同。

第三条 物业服务企业不履行或者不完全履行物业服务合同约定的或者法律、法规规定以及相关行业规范确定的维修、养护、管理和维护义务，业主请求物业服务企业承担继续履行、采取补救措施或者赔偿损失等违约责任的，人民法院应予支持。

物业服务企业公开作出的服务承诺及制定的服务细则，应当认定为物业服务合同的组成部分。

第四条 业主违反物业服务合同或者法律、法规、管理规约，实施妨害物业服务与管理的行为，物业服务企业请求业主承担恢复原状、停止侵害、排除妨害等相应民事责任的，人民法院应予支持。

第五条 物业服务企业违反物业服务合同约定或者法律、法规、部门规章规定，擅自扩大收费范围、提高收费标准或者重复收费，业主以违规收费为由提出抗辩的，人民法院应予支持。

业主请求物业服务企业退还其已收取的违规费用的，人民法院应予支持。

第六条 经书面催交，业主无正当理由拒绝交纳或者在催告的合理期限内仍未交纳物业费，物业服务企业请求业主支付物业费的,人民法院应予支持。物业服务企业已经按照合同约定以及相关规定提供服务,业主仅以未享受或者无需接受相关物业服务为抗辩理由的,人民法院不予支持。

第七条 业主与物业的承租人、借用人或者其他物业使用人约定由物业使用人交纳物业费,物业服务企业请求业主承担连带责任的,人民法院应予支持。

第八条 业主大会按照物权法第七十六条规定的程序作出解聘物业服务企业的决定后,业主委员会请求解除物业服务合同的,人民法院应予支持。

物业服务企业向业主委员会提出物业费主张的,人民法院应当告知其向拖欠物业费的业主另行主张权利。

第九条 物业服务合同的权利义务终止后,业主请求物业服务企业退还已经预收,但尚未提供物业服务期间的物业费的,人民法院应予支持。

物业服务企业请求业主支付拖欠的物业费的,按照本解释第六条规定处理。

第十条 物业服务合同的权利义务终止后,业主委员会请求物业服务企业退出物业服务区域、移交物业服务用房和相关设施,以及物业服务所必需的相关资料和由其代管的专项维修资金的,人民法院应予支持。

物业服务企业拒绝退出、移交,并以存在事实上的物业服务关系为由,请求业主支付物业服务合同权利义务终止后的物业费的,人民法院不予支持。

第十一条 本解释涉及物业服务企业的规定,适用于物权法第七十六条、第八十一条、第八十二条所称其他管理人。

第十二条 因物业的承租人、借用人或者其他物业使用人实施违反物业服务合同,以及法律、法规或者管理规约的行为引起的物业服务纠纷,人民法院应当参照本解释关于业主的规定处理。"

9.5 物业管理规约

9.5.1 《物业管理条例》规定:

"**第十七条** 管理规约应当对有关物业的使用、维护、管理,业主的共同利益,业主应当履行的义务,违反管理规约应当承担的责任等事项依法作出约定。

管理规约应当尊重社会公德,不得违反法律、法规或者损害社会公共利益。

管理规约对全体业主具有约束力。"

9.5.2 《业主会指导规则》规定:

"**第十八条** 管理规约应当对下列主要事项作出规定:

(一)物业的使用、维护、管理;

(二)专项维修资金的筹集、管理和使用;

(三)物业共用部分的经营与收益分配;

(四)业主共同利益的维护;

(五)业主共同管理权的行使;

(六)业主应尽的义务;

(七)违反管理规约应当承担的责任。"

9.6 物业服务收费

9.6.1 《物业管理条例》规定:

"**第四十一条** 物业服务收费应当遵循合理、公开以及费用与服务水平相适应的原则,区别不同物业的性质和特点,由业主和物业服务企业按照国务院价格主管部门会同国务院建设行政主管部门制定的物业服务收费办法,在物业服务合同中约定。

第四十二条 业主应当根据物业服务合同的约定交纳物业服务费用。业主与物业使用人约定由物业使用人交纳物业服务费用的,从其约定,业主负连带交纳责任。

已竣工但尚未出售或者尚未交给物业买受人的物业,物业服务费用由建设单位交纳。"

"**第四十五条** 物业管理区域内，供水、供电、供气、供热、通信、有线电视等单位应当向最终用户收取有关费用。

物业服务企业接受委托代收前款费用的，不得向业主收取手续费等额外费用。"

"**第六十七条** 违反物业服务合同约定，业主逾期不交纳物业服务费用的，业主委员会应当督促其限期交纳；逾期仍不交纳的，物业服务企业可以向人民法院起诉。"

（按：本条规定督促欠费业主缴费的是业主委员会，物业服务企业起诉的对象只能是单个的业主。）

9.6.2 《物业收费办法》规定：

"**第二条** 本办法所称物业服务收费，是指物业管理企业按照物业服务合同的约定，对房屋及配套的设施设备和相关场地进行维修、养护、管理，维护相关区域内的环境卫生和秩序，向业主所收取的费用。"

"**第六条** 物业服务收费应当区分不同物业的性质和特点分别实行政府指导价和市场调节价。具体定价形式由省、自治区、直辖市人民政府价格主管部门会同房地产行政主管部门确定。

第七条 物业服务收费实行政府指导价的，有定价权限的人民政府价格主管部门应当会同房地产行政主管部门根据物业管理服务等级标准等因素，制定相应的基准价及其浮动幅度，并定期公布。具体收费标准由业主与物业管理企业根据规定的基准价和浮动幅度在物业服务合同中约定。

实行市场调节价的物业服务收费，由业主与物业管理企业在物业服务合同中约定。

第八条 物业管理企业应当按照政府价格主管部门的规定实行明码标价，在物业管理区域内的显著位置，将服务内容、服务标准以及收费项目、收费标准等有关情况进行公示。

第九条 业主与物业管理企业可以采取包干制或者酬金制等形式约定物业服务费用。

包干制是指由业主向物业管理企业支付固定物业服务费用，

盈余或者亏损均由物业管理企业享有或者承担的物业服务计费方式。

......

第十条 建设单位与物业买受人签订的买卖合同，应当约定物业管理服务内容、服务标准、收费标准、计费方式及计费起始时间等内容，涉及物业买受人共同利益的约定应当一致。

第十一条 实行物业服务费用包干制的，物业服务费用的构成包括物业服务成本、法定税费和物业管理企业的利润。

......

物业服务成本或者物业服务支出构成一般包括以下部分：

1．管理服务人员的工资、社会保险和按规定提取的福利费等；

2．物业共用部位、共用设施设备的日常运行、维护费用；

3．物业管理区域清洁卫生费用；

4．物业管理区域绿化养护费用；

5．物业管理区域秩序维护费用；

6．办公费用；

7．物业管理企业固定资产折旧；

8．物业共用部位、共用设施设备及公众责任保险费用；

9．经业主同意的其他费用。

物业共用部位、共用设施设备的大修、中修和更新、改造费用，应当通过专项维修资金予以列支，不得计入物业服务支出或者物业服务成本。"

"**第十五条** 业主应当按照物业服务合同的约定按时足额交纳物业服务费用或者物业服务资金。业主违反物业服务合同约定逾期不交纳服务费用或者物业服务资金的，业主委员会应当督促其限期交纳；逾期仍不交纳的，物业管理企业可以依法追缴。

业主与物业使用人约定由物业使用人交纳物业服务费用或者物业服务资金的，从其约定，业主负连带交纳责任。"

9.6.3 《物业费明码标价》规定：

"**第二条** 物业管理企业向业主提供服务（包括按照物业服务合同约定提供物业服务以及根据业主委托提供物业服务合同约定以外的服务），应当按照本规定实行明码标价，标明服务项目、收费标准等有关情况。

第三条 物业管理企业实行明码标价，应当遵循公开、公平和诚实信用的原则，遵守国家价格法律、法规、规章和政策。"

"**第五条** 物业管理企业实行明码标价应当做到价目齐全，内容真实，标示醒目，字迹清晰。

第六条 物业服务收费明码标价的内容包括：物业管理企业名称、收费对象、服务内容、服务标准、计费方式、计费起始时间、收费项目、收费标准、价格管理形式、收费依据、价格举报电话12358等。

实行政府指导价的物业服务收费应当同时标明基准收费标准、浮动幅度，以及实际收费标准。

第七条 物业管理企业在其服务区域内的显著位置或收费地点，可采取公示栏、公示牌、收费表、收费清单、收费手册、多媒体终端查询等方式实行明码标价。

第八条 物业管理企业接受委托代收供水、供电、供气、供热、通讯、有线电视等有关费用的，也应当依照本规定第六条、第七条的有关内容和方式实行明码标价。

第九条 物业管理企业根据业主委托提供的物业服务合同约定以外的服务项目，其收费标准在双方约定后应当以适当的方式向业主进行明示。

第十条 实行明码标价的物业服务收费的标准等发生变化时，物业管理企业应当在执行新标准前一个月，将所标示的相关内容进行调整，并应标示新标准开始实行的日期。

第十一条 物业管理企业不得利用虚假的或者使人误解的标价内容、标价方式进行价格欺诈。不得在标价之外，收取任何未予标明的费用。"

9.6.4 《物业成本监审办法》规定：

"第一条 为提高政府制定物业服务收费的科学性、合理性，根据《政府制定价格成本监审办法》、《物业服务收费管理办法》等有关规定，制定本办法。

第二条 本办法适用于政府价格主管部门制定或者调整实行政府指导价的物业服务收费标准，对相关物业服务企业实施定价成本监审的行为。

……

本办法所称物业服务定价成本，是指价格主管部门核定的物业服务社会平均成本。"

"第八条 人员费用是指管理服务人员工资、按规定提取的工会经费、职工教育经费，以及根据政府有关规定应当由物业服务企业缴纳的住房公积金和养老、医疗、失业、工伤、生育保险等社会保险费用。

第九条 物业共用部位共用设施设备日常运行和维护费用是指为保障物业管理区域内共用部位共用设施设备的正常使用和运行、维护保养所需的费用。不包括保修期内应由建设单位履行保修责任而支出的维修费、应由住宅专项维修资金支出的维修和更新、改造费用。

第十条 绿化养护费是指管理、养护绿化所需的绿化工具购置费、绿化用水费、补苗费、农药化肥费等。不包括应由建设单位支付的种苗种植费和前期维护费。

第十一条 清洁卫生费是指保持物业管理区域内环境卫生所需的购置工具费、消杀防疫费、化粪池清理费、管道疏通费、清洁用料费、环卫所需费用等。

第十二条 秩序维护费是指维护物业管理区域秩序所需的器材装备费、安全防范人员的人身保险费及由物业服务企业支付的服装费等。其中器材装备不包括共用设备中已包括的监控设备。

第十三条 物业共用部位共用设施设备及公众责任保险费用是指物业管理企业购买物业共用部位共用设施设备及公众责任保

险所支付的保险费用，以物业服务企业与保险公司签订的保险单和所交纳的保险费为准。

第十四条 办公费是指物业服务企业为维护管理区域正常的物业管理活动所需的办公用品费、交通费、房租、水电费、取暖费、通讯费、书报费及其他费用。

第十五条 管理费分摊是指物业服务企业在管理多个物业项目情况下，为保证相关的物业服务正常运转而由各物业服务小区承担的管理费用。

第十六条 固定资产折旧是指按规定折旧方法计提的物业服务固定资产的折旧金额。物业服务固定资产指在物业服务小区内由物业服务企业拥有的、与物业服务直接相关的、使用年限在一年以上的资产。

第十七条 经业主同意的其他费用是指业主或者业主大会按规定同意由物业服务费开支的费用。"

9.7 住宅专项维修资金

9.7.1 《物业管理条例》规定：

"**第五十四条** 住宅物业、住宅小区内的非住宅物业或者与单幢住宅楼结构相连的非住宅物业的业主，应当按照国家有关规定交纳专项维修资金。

专项维修资金属于业主所有，专项用于物业保修期满后物业共用部位、共用设施设备的维修和更新、改造，不得挪作他用。

专项维修资金收取、使用、管理的办法由国务院建设行政主管部门会同国务院财政部门制定。"

（按：专项维修资金属于业主所有，但并不意味着业主个人可以随意支配维修资金。专项维修资金制度是基于全体业主的公共利益而确立的制度，有关其使用、过户、账户等必须符合国家有关规定。）

9.7.2 《住宅维修资金》规定：

（按：以下内容不包括售后公有住房住宅。）

"第二条 商品住宅……专项维修资金的交存、使用、管理和监督，适用本办法。

第三条 本办法所称住宅共用部位，是指根据法律、法规和房屋买卖合同，由单幢住宅内业主或者单幢住宅内业主及与之结构相连的非住宅业主共有的部位，一般包括：住宅的基础、承重墙体、柱、梁、楼板、屋顶以及户外的墙面、门厅、楼梯间、走廊通道等。

本办法所称共用设施设备，是指根据法律、法规和房屋买卖合同，由住宅业主或者住宅业主及有关非住宅业主共有的附属设施设备，一般包括电梯、天线、照明、消防设施、绿地、道路、路灯、沟渠、池、井、非经营性车场车库、公益性文体设施和共用设施设备使用的房屋等。

第四条 住宅专项维修资金管理实行专户存储、专款专用、所有权人决策、政府监督的原则。"

"交　存"

"第六条 下列物业的业主应当按照本办法的规定交存住宅专项维修资金：

（一）住宅，但一个业主所有且与其他物业不具有共用部位、共用设施设备的除外；

（二）住宅小区内的非住宅或者住宅小区外与单幢住宅结构相连的非住宅。

……"

"第九条 业主交存的住宅专项维修资金属于业主所有。

……

第十条 业主大会成立前，商品住宅业主、非住宅业主交存的住宅专项维修资金，由物业所在地直辖市、市、县人民政府建设（房地产）主管部门代管。

直辖市、市、县人民政府建设（房地产）主管部门应当委托所在地一家商业银行，作为本行政区域内住宅专项维修资金的专户管理银行，并在专户管理银行开立住宅专项维修资金专户。

开立住宅专项维修资金专户，应当以物业管理区域为单位设账，按房屋户门号设分户账；未划定物业管理区域的，以幢为单位设账，按房屋户门号设分户账。"

"第十二条 商品住宅的业主应当在办理房屋入住手续前，将首期住宅专项维修资金存入住宅专项维修资金专户。

……

第十三条 未按本办法规定交存首期住宅专项维修资金的，开发建设单位……不得将房屋交付购买人。

第十四条 专户管理银行、代收住宅专项维修资金的售房单位应当出具由财政部或者省、自治区、直辖市人民政府财政部门统一监制的住宅专项维修资金专用票据。

第十五条 业主大会成立后，应当按照下列规定划转业主交存的住宅专项维修资金：

（一）业主大会应当委托所在地一家商业银行作为本物业管理区域内住宅专项维修资金的专户管理银行，并在专户管理银行开立住宅专项维修资金专户。

开立住宅专项维修资金专户，应当以物业管理区域为单位设账，按房屋户门号设分户账。

（二）业主委员会应当通知所在地直辖市、市、县人民政府建设（房地产）主管部门；……

（三）直辖市、市、县人民政府建设（房地产）主管部门……应当在收到通知之日起30日内，通知专户管理银行将该物业管理区域内业主交存的住宅专项维修资金账面余额划转至业主大会开立的住宅专项维修资金账户，并将有关账目等移交业主委员会。

第十六条 住宅专项维修资金划转后的账目管理单位，由业主大会决定。业主大会应当建立住宅专项维修资金管理制度。

业主大会开立的住宅专项维修资金账户，应当接受所在地直辖市、市、县人民政府建设（房地产）主管部门的监督。

第十七条 业主分户账面住宅专项维修资金余额不足首期交存额 30%的，应当及时续交。

成立业主大会的，续交方案由业主大会决定。

未成立业主大会的，续交的具体管理办法由直辖市、市、县人民政府建设（房地产）主管部门会同同级财政部门制定。"

（"使　用"）

"**第十八条** 住宅专项维修资金应当专项用于住宅共用部位、共用设施设备保修期满后的维修和更新、改造，不得挪作他用。"

"**第二十条** 住宅共用部位、共用设施设备的维修和更新、改造费用，按照下列规定分摊：

（一）商品住宅之间或者商品住宅与非住宅之间共用部位、共用设施设备的维修和更新、改造费用，由相关业主按照各自拥有物业建筑面积的比例分摊。

……

第二十一条 住宅共用部位、共用设施设备维修和更新、改造，涉及尚未售出的商品住宅、非住宅的……，开发建设单位……应当按照尚未售出商品住宅……的建筑面积，分摊维修和更新、改造费用。

第二十二条 住宅专项维修资金划转业主大会管理前，需要使用住宅专项维修资金的，按照以下程序办理：

（一）物业服务企业根据维修和更新、改造项目提出使用建议；没有物业服务企业的，由相关业主提出使用建议；

（二）住宅专项维修资金列支范围内专有部分占建筑物总面积三分之二以上的业主且占总人数三分之二以上的业主讨论通过使用建议；

（三）物业服务企业或者相关业主组织实施使用方案；

（四）物业服务企业或者相关业主持有关材料，向所在地直辖市、市、县人民政府建设（房地产）主管部门申请列支；……

（五）直辖市、市、县人民政府建设（房地产）主管部门……审核同意后，向专户管理银行发出划转住宅专项维修资金的通知；

（六）专户管理银行将所需住宅专项维修资金划转至维修单位。

第二十三条　住宅专项维修资金划转业主大会管理后，需要使用住宅专项维修资金的，按照以下程序办理：

（一）物业服务企业提出使用方案，使用方案应当包括拟维修和更新、改造的项目、费用预算、列支范围、发生危及房屋安全等紧急情况以及其他需临时使用住宅专项维修资金的情况的处置办法等；

（二）业主大会依法通过使用方案；

（三）物业服务企业组织实施使用方案；

（四）物业服务企业持有关材料向业主委员会提出列支住宅专项维修资金；……

（五）业主委员会依据使用方案审核同意，并报直辖市、市、县人民政府建设（房地产）主管部门备案；……直辖市、市、县人民政府建设（房地产）主管部门……发现不符合有关法律、法规、规章和使用方案的，应当责令改正；

（六）业主委员会……向专户管理银行发出划转住宅专项维修资金的通知；

（七）专户管理银行将所需住宅专项维修资金划转至维修单位。"

第二十四条　发生危及房屋安全等紧急情况，需要立即对住宅共用部位、共用设施设备进行维修和更新、改造的，按照以下规定列支住宅专项维修资金：

（一）住宅专项维修资金划转业主大会管理前，按照本办法第二十二条第四项、第五项、第六项的规定办理；

（二）住宅专项维修资金划转业主大会管理后，按照本办法第二十三条第四项、第五项、第六项和第七项的规定办理。

发生前款情况后，未按规定实施维修和更新、改造的，直辖市、市、县人民政府建设（房地产）主管部门可以组织代修，维修费用从相关业主住宅专项维修资金分户账中列支；……"

第二十五条　下列费用不得从住宅专项维修资金中列支：

（一）依法应当由建设单位或者施工单位承担的住宅共用部位、共用设施设备维修、更新和改造费用；

（二）依法应当由相关单位承担的供水、供电、供气、供热、通讯、有线电视等管线和设施设备的维修、养护费用；

（三）应当由当事人承担的因人为损坏住宅共用部位、共用设施设备所需的修复费用；

（四）根据物业服务合同约定，应当由物业服务企业承担的住宅共用部位、共用设施设备的维修和养护费用。

第二十六条　在保证住宅专项维修资金正常使用的前提下，可以按照国家有关规定将住宅专项维修资金用于购买国债。

利用住宅专项维修资金购买国债，应当在银行间债券市场或者商业银行柜台市场购买一级市场新发行的国债，并持有到期。

利用业主交存的住宅专项维修资金购买国债的，应当经业主大会同意；未成立业主大会的，应当经专有部分占建筑物总面积三分之二以上的业主且占总人数三分之二以上业主同意。

……

禁止利用住宅专项维修资金从事国债回购、委托理财业务或者将购买的国债用于质押、抵押等担保行为。

第二十七条　下列资金应当转入住宅专项维修资金滚存使用：

（一）住宅专项维修资金的存储利息；

（二）利用住宅专项维修资金购买国债的增值收益；

（三）利用住宅共用部位、共用设施设备进行经营的，业主所得收益，但业主大会另有决定的除外；

（四）住宅共用设施设备报废后回收的残值。"

（"监督管理"）

"第二十八条　房屋所有权转让时，业主应当向受让人说明住宅专项维修资金交存和结余情况并出具有效证明，该房屋分户账中结余的住宅专项维修资金随房屋所有权同时过户。

受让人应当持住宅专项维修资金过户的协议、房屋权属证书、身份证等到专户管理银行办理分户账更名手续。"

"第三十条　直辖市、市、县人民政府建设（房地产）主管部门，……及业主委员会，应当每年至少一次与专户管理银行核对住宅专项维修资金账目，并向业主……公布下列情况：

（一）住宅专项维修资金交存、使用、增值收益和结存的总额；

（二）发生列支的项目、费用和分摊情况；

（三）业主、……分户账中住宅专项维修资金交存、使用、增值收益和结存的金额；

（四）其他有关住宅专项维修资金使用和管理的情况。

业主……对公布的情况有异议的，可以要求复核。

第三十一条　专户管理银行应当每年至少一次向直辖市、市、县人民政府建设（房地产）主管部门，……及业主委员会发送住宅专项维修资金对账单。

直辖市、市、县建设（房地产）主管部门，……及业主委员会对资金账户变化情况有异议的，可以要求专户管理银行进行复核。

专户管理银行应当建立住宅专项维修资金查询制度，接受业主……对其分户账中住宅专项维修资金使用、增值收益和账面余额的查询。

第三十二条　住宅专项维修资金的管理和使用，应当依法接受审计部门的审计监督。

第三十三条　住宅专项维修资金的财务管理和会计核算应当

执行财政部有关规定。

财政部门应当加强对住宅专项维修资金收支财务管理和会计核算制度执行情况的监督。"

"第三十四条　住宅专项维修资金专用票据的购领、使用、保存、核销管理，应当按照财政部以及省、自治区、直辖市人民政府财政部门的有关规定执行，并接受财政部门的监督检查。"

（"法律责任"）

"第三十六条　开发建设单位违反本办法第十三条规定将房屋交付买受人的，由县级以上地方人民政府建设（房地产）主管部门责令限期改正；逾期不改正的，处以3万元以下的罚款。

开发建设单位未按本办法第二十一条规定分摊维修、更新和改造费用的，由县级以上地方人民政府建设（房地产）主管部门责令限期改正；逾期不改正的，处以1万元以下的罚款。"

第三十七条　违反本办法规定，挪用住宅专项维修资金的，由县级以上地方人民政府建设（房地产）主管部门追回挪用的住宅专项维修资金，没收违法所得，可以并处挪用金额2倍以下的罚款；构成犯罪的，依法追究直接负责的主管人员和其他直接责任人员的刑事责任。

物业服务企业挪用住宅专项维修资金，情节严重的，除按前款规定予以处罚外，还应由颁发资质证书的部门吊销资质证书。

直辖市、市、县人民政府建设（房地产）主管部门挪用住宅专项维修资金的，由上一级人民政府建设（房地产）主管部门追回挪用的住宅专项维修资金，对直接负责的主管人员和其他直接责任人员依法给予处分；构成犯罪的，依法追究刑事责任。

直辖市、市、县人民政府财政部门挪用住宅专项维修资金的，由上一级人民政府财政部门追回挪用的住宅专项维修资金，对直接负责的主管人员和其他直接责任人员依法给予处分；构成犯罪的，依法追究刑事责任。"

"**第三十九条** 对违反住宅专项维修资金专用票据管理规定的行为，按照《财政违法行为处罚处分条例》的有关规定追究法律责任。"

9.8 电梯工程

9.8.1 《特种设备安全法》规定：

"**第二条** 特种设备的生产（包括设计、制造、安装、改造、修理）、经营、使用、检验、检测和特种设备安全的监督管理，适用本法。

本法所称特种设备，是指对人身和财产安全有较大危险性的锅炉、压力容器（含气瓶）、压力管道、电梯、起重机械、客运索道、大型游乐设施、场（厂）内专用机动车辆，以及法律、行政法规规定适用本法的其他特种设备。

国家对特种设备实行目录管理。特种设备目录由国务院负责特种设备安全监督管理的部门制定，报国务院批准后执行。"

"**第七条** 特种设备生产、经营、使用单位应当遵守本法和其他有关法律、法规，建立、健全特种设备安全和节能责任制度，加强特种设备安全和节能管理，确保特种设备生产、经营、使用安全，符合节能要求。"

"**第十二条** 任何单位和个人有权向负责特种设备安全监督管理的部门和有关部门举报涉及特种设备安全的违法行为，接到举报的部门应当及时处理。"

"**第十三条** 特种设备生产、经营、使用单位及其主要负责人对其生产、经营、使用的特种设备安全负责。

特种设备生产、经营、使用单位应当按照国家有关规定配备特种设备安全管理人员、检测人员和作业人员，并对其进行必要的安全教育和技能培训。

第十四条 特种设备安全管理人员、检测人员和作业人员应当按照国家有关规定取得相应资格，方可从事相关工作。特种设备安全管理人员、检测人员和作业人员应当严格执行安全技术规范和管理制度，保证特种设备安全。

第十五条　特种设备生产、经营、使用单位对其生产、经营、使用的特种设备应当进行自行检测和维护保养，对国家规定实行检验的特种设备应当及时申报并接受检验。"

"第二十二条　电梯的安装、改造、修理，必须由电梯制造单位或者其委托的依照本法取得相应许可的单位进行。电梯制造单位委托其他单位进行电梯安装、改造、修理的，应当对其安装、改造、修理进行安全指导和监控，并按照安全技术规范的要求进行校验和调试。电梯制造单位对电梯安全性能负责。"

"第二十四条　特种设备安装、改造、修理竣工后，安装、改造、修理的施工单位应当在验收后三十日内将相关技术资料和文件移交特种设备使用单位。特种设备使用单位应当将其存入该特种设备的安全技术档案。"

"第三十三条　特种设备使用单位应当在特种设备投入使用前或者投入使用后三十日内，向负责特种设备安全监督管理的部门办理使用登记，取得使用登记证书。登记标志应当置于该特种设备的显著位置。

第三十四条　特种设备使用单位应当建立岗位责任、隐患治理、应急救援等安全管理制度，制定操作规程，保证特种设备安全运行。

第三十五条　特种设备使用单位应当建立特种设备安全技术档案。安全技术档案应当包括以下内容：

（一）特种设备的设计文件、产品质量合格证明、安装及使用维护保养说明、监督检验证明等相关技术资料和文件；

（二）特种设备的定期检验和定期自行检查记录；

（三）特种设备的日常使用状况记录；

（四）特种设备及其附属仪器仪表的维护保养记录；

（五）特种设备的运行故障和事故记录。"

"第三十八条　特种设备属于共有的，共有人可以委托物业服务单位或者其他管理人管理特种设备，受托人履行本法规定的特种设备使用单位的义务，承担相应责任。共有人未委托的，由共有人或者实际管理人履行管理义务，承担相应责任。

第三十九条 特种设备使用单位应当对其使用的特种设备进行经常性维护保养和定期自行检查，并作出记录。

特种设备使用单位应当对其使用的特种设备的安全附件、安全保护装置进行定期校验、检修，并作出记录。

第四十条 特种设备使用单位应当按照安全技术规范的要求，在检验合格有效期届满前一个月向特种设备检验机构提出定期检验要求。

特种设备检验机构接到定期检验要求后，应当按照安全技术规范的要求及时进行安全性能检验。特种设备使用单位应当将定期检验标志置于该特种设备的显著位置。

未经定期检验或者检验不合格的特种设备，不得继续使用。

第四十一条 特种设备安全管理人员应当对特种设备使用状况进行经常性检查，发现问题应当立即处理；情况紧急时，可以决定停止使用特种设备并及时报告本单位有关负责人。

特种设备作业人员在作业过程中发现事故隐患或者其他不安全因素，应当立即向特种设备安全管理人员和单位有关负责人报告；特种设备运行不正常时，特种设备作业人员应当按照操作规程采取有效措施保证安全。

第四十二条 特种设备出现故障或者发生异常情况，特种设备使用单位应当对其进行全面检查，消除事故隐患，方可继续使用。"

"**第四十三条** ……

电梯、客运索道、大型游乐设施的运营使用单位应当将电梯、客运索道、大型游乐设施的安全使用说明、安全注意事项和警示标志置于易于为乘客注意的显著位置。

公众乘坐或者操作电梯、客运索道、大型游乐设施，应当遵守安全使用说明和安全注意事项的要求，服从有关工作人员的管理和指挥；遇有运行不正常时，应当按照安全指引，有序撤离。"

"第四十五条　电梯的维护保养应当由电梯制造单位或者依照本法取得许可的安装、改造、修理单位进行。

电梯的维护保养单位应当在维护保养中严格执行安全技术规范的要求，保证其维护保养的电梯的安全性能，并负责落实现场安全防护措施，保证施工安全。

电梯的维护保养单位应当对其维护保养的电梯的安全性能负责；接到故障通知后，应当立即赶赴现场，并采取必要的应急救援措施。

第四十六条　电梯投入使用后，电梯制造单位应当对其制造的电梯的安全运行情况进行跟踪调查和了解，对电梯的维护保养单位或者使用单位在维护保养和安全运行方面存在的问题，提出改进建议，并提供必要的技术帮助；发现电梯存在严重事故隐患时，应当及时告知电梯使用单位，并向负责特种设备安全监督管理的部门报告。电梯制造单位对调查和了解的情况，应当作出记录。"

"第四十八条　特种设备存在严重事故隐患，无改造、修理价值，或者达到安全技术规范规定的其他报废条件的，特种设备使用单位应当依法履行报废义务，采取必要措施消除该特种设备的使用功能，并向原登记的负责特种设备安全监督管理的部门办理使用登记证书注销手续。

前款规定报废条件以外的特种设备，达到设计使用年限可以继续使用的，应当按照安全技术规范的要求通过检验或者安全评估，并办理使用登记证书变更，方可继续使用。允许继续使用的，应当采取加强检验、检测和维护保养等措施，确保使用安全。"

"第五十四条　特种设备生产、经营、使用单位应当按照安全技术规范的要求向特种设备检验、检测机构及其检验、检测人员提供特种设备相关资料和必要的检验、检测条件，并对资料的真实性负责。"

"第六十九条　……

特种设备使用单位应当制定特种设备事故应急专项预案,并定期进行应急演练。

第七十条 特种设备发生事故后,事故发生单位应当按照应急预案采取措施,组织抢救,防止事故扩大,减少人员伤亡和财产损失,保护事故现场和有关证据,并及时向事故发生地县级以上人民政府负责特种设备安全监督管理的部门和有关部门报告。

……

与事故相关的单位和人员不得迟报、谎报或者瞒报事故情况,不得隐匿、毁灭有关证据或者故意破坏事故现场。"

"第七十三条 ……

事故责任单位应当依法落实整改措施,预防同类事故发生。事故造成损害的,事故责任单位应当依法承担赔偿责任。"

"第八十三条 违反本法规定,特种设备使用单位有下列行为之一的,责令限期改正;逾期未改正的,责令停止使用有关特种设备,处一万元以上十万元以下罚款:

(一)使用特种设备未按照规定办理使用登记的;

(二)未建立特种设备安全技术档案或者安全技术档案不符合规定要求,或者未依法设置使用登记标志、定期检验标志的;

(三)未对其使用的特种设备进行经常性维护保养和定期自行检查,或者未对其使用的特种设备的安全附件、安全保护装置进行定期校验、检修,并作出记录的;

(四)未按照安全技术规范的要求及时申报并接受检验的;

……

(六)未制定特种设备事故应急专项预案的。"

"第八十四条 违反本法规定,特种设备使用单位有下列行为之一的,责令停止使用有关特种设备,处三万元以上三十万元以下罚款:

(一)使用未取得许可生产,未经检验或者检验不合格的特种设备,或者国家明令淘汰、已经报废的特种设备的;

(二)特种设备出现故障或者发生异常情况,未对其进行全

面检查、消除事故隐患,继续使用的;

(三)特种设备存在严重事故隐患,无改造、修理价值,或者达到安全技术规范规定的其他报废条件,未依法履行报废义务,并办理使用登记证书注销手续的。"

"**第八十六条** 违反本法规定,特种设备生产、经营、使用单位有下列情形之一的,责令限期改正;逾期未改正的,责令停止使用有关特种设备或者停产停业整顿,处一万元以上五万元以下罚款:

(一)未配备具有相应资格的特种设备安全管理人员、检测人员和作业人员的;

(二)使用未取得相应资格的人员从事特种设备安全管理、检测和作业的;

(三)未对特种设备安全管理人员、检测人员和作业人员进行安全教育和技能培训的。

第八十七条 违反本法规定,电梯、客运索道、大型游乐设施的运营使用单位有下列情形之一的,责令限期改正;逾期未改正的,责令停止使用有关特种设备或者停产停业整顿,处二万元以上十万元以下罚款:

(一)未设置特种设备安全管理机构或者配备专职的特种设备安全管理人员的;

……

(三)未将电梯、客运索道、大型游乐设施的安全使用说明、安全注意事项和警示标志置于易于为乘客注意的显著位置的。

第八十八条 违反本法规定,未经许可,擅自从事电梯维护保养的,责令停止违法行为,处一万元以上十万元以下罚款;有违法所得的,没收违法所得。

……

第八十九条 发生特种设备事故,有下列情形之一的,对单位处五万元以上二十万元以下罚款;对主要负责人处一万元以上五万元以下罚款;主要负责人属于国家工作人员的,并依法给予处分：

（一）发生特种设备事故时，不立即组织抢救或者在事故调查处理期间擅离职守或者逃匿的；

（二）对特种设备事故迟报、谎报或者瞒报的。

第九十条 发生事故，对负有责任的单位除要求其依法承担相应的赔偿等责任外，依照下列规定处以罚款：

（一）发生一般事故，处十万元以上二十万元以下罚款；

……

9.8.2 《特种设备安全监察条例》规定：

"**第十五条** 特种设备出厂时，应当附有安全技术规范要求的设计文件、产品质量合格证明、安装及使用维修说明、监督检验证明等文件。"

"**第三十一条** ……

电梯应当至少每 15 日进行一次清洁、润滑、调整和检查。

（按：业主委员会或居委会应加强监督，严格按此条要求执行。）

第三十二条 电梯的日常维护保养单位应当在维护保养中严格执行国家安全技术规范的要求，保证其维护保养的电梯的安全技术性能，并负责落实现场安全防护措施，保证施工安全。

电梯的日常维护保养单位，应当对其维护保养的电梯的安全性能负责。接到故障通知后，应当立即赶赴现场，并采取必要的应急救援措施。"

"**第六十四条** 有下列情形之一的，为一般事故：

……

（三）电梯轿厢滞留人员 2 小时以上的；

……"

"**第六十七条**

……

一般事故由设区的市的特种设备安全监督管理部门会同有关部门组织事故调查组进行调查。"

"**第九十九条** 本条例下列用语的含义是：

……

（四）电梯，是指动力驱动，利用沿刚性导轨运行的箱体或者沿固定线路运行的梯级（踏步），进行升降或者平行运送人、货物的机电设备，包括载人（货）电梯、自动扶梯、自动人行道等。

……"

9.8.3 《电梯应急指南》规定：

"**第三条** 本指南所指电梯，是指动力驱动、沿刚性导轨或固定线路运送人、货物的机电设备，包括载人（货）电梯、自动扶梯、自动人行道等。

本指南所指电梯使用管理单位，是指设有电梯房屋建筑的产权人或其委托的电梯管理单位。"

"**第四条** 电梯使用管理单位应当根据本单位的实际情况，配备电梯管理人员，落实每台电梯的责任人，配置必备的专业救助工具及24小时不间断的通信设备。

电梯使用管理单位应当制定电梯事故应急措施和救援预案。

第五条 电梯使用管理单位应当与电梯维修保养单位签订维修保养合同，明确电梯维修保养单位的责任。

电梯维修保养单位作为救助工作的责任单位之一，应当建立严格的救助规程，配置一定数量的专业救援人员和相应的专业工具等，确保接到电梯发生紧急情况（按：紧急情况指"因人、开门运行、溜梯、冲顶、夹人和伤人等"）报告后，及时赶到现场进行救助。"

"**第七条** 电梯发生异常情况，电梯使用管理单位应当立即通知电梯维修保养单位或向电梯救援中心报告（已设立的），同时由本单位专业人员先行实施力所能及的处理。电梯维修保养单位或电梯救援中心应当指挥专业人员迅速赶到现场进行救助。"

"**第九条** 乘客在遇到紧急情况时，应当采取以下求救和自我保护措施：

（一）通过警铃、对讲系统、移动电话或电梯轿厢内的提示方式进行求援，如电梯轿厢内有病人或其他危急情况，应当告知救援人员。

（二）与电梯轿厢门或已开启的轿厢门保持一定距离，听从管理人员指挥。

（三）在救援人员到达现场前不得撬砸电梯轿厢门或攀爬安全窗，不得将身体的任何部位伸出电梯轿厢外。

（四）保持镇静，可做屈膝动作，以减轻对电梯急停的不适应。

第十条 电梯使用管理单位接报电梯紧急情况的处理程序：

（一）值班人员发现所管理的电梯发生紧急情况或接到求助信号后，应当立即通知本单位专业人员到现场进行处理，同时通知电梯维修保养单位。

（二）值班人员应用电梯配置的通讯对讲系统或其他可行方式，详细告知电梯轿厢内被困乘客应注意的事项。

（三）值班人员应当了解电梯轿厢所停楼层的位置、被困人数、是否有病人或其他危险因素等情况，如有紧急情况应当立即向有关部门和单位报告。

（四）电梯使用管理单位的专业人员到达现场后可先行实施救援程序，如自行救助有困难，应当配合电梯维修保养单位实施救援。

第十一条 乘客在电梯轿厢被困时的解救程序：

（一）到达现场的救援专业人员应当先判别电梯轿厢所处的位置再实施救援。

（二）电梯轿厢高于或低于楼面超过 0.5 米时，应当先执行盘车解救程序，再按照下列程序实施救援：

1. 确定电梯轿厢所在位置；
2. 关闭电梯总电源；
3. 用紧急开锁钥匙打开电梯厅门、轿厢门；
4. 疏导乘客离开轿厢，防止乘客跌伤；

5. 重新将电梯厅门、轿厢门关好;

6. 在电梯出入口处设置禁用电梯的指示牌。

第十二条 电梯使用管理单位的善后处理工作:

(一) 如有乘客重伤,应当按事故报告程序进行紧急事故报告。

(二) 向乘客了解事故发生的经过,调查电梯故障原因,协助做好相关的取证工作。

(三) 如属电梯故障所致,应当督促电梯维修保养单位尽快检查并修复。

(四) 及时向相关部门提交故障及事故情况汇报资料。"

"**第十三条** 发生火灾时,应当采取以下应急措施:

(一) 立即向消防部门报警。

(二) 按动有消防功能电梯的消防按钮,使消防电梯进入消防运行状态,以供消防人员使用;对于无消防功能的电梯,应当立即将电梯直驶至首层并切断电源或将电梯停于火灾尚未蔓延的楼层。在乘客离开电梯轿厢后,将电梯置于停止运行状态,用手关闭电梯轿厢厅门、轿门,切断电梯总电源。

(三) 井道内或电梯轿厢发生火灾时,必须立即停梯疏导乘客撤离,切断电源,用灭火器灭火。

(四) 有共用井道的电梯发生火灾时,应当立即将其余尚未发生火灾的电梯停于远离火灾蔓延区,或交给消防人员用以灭火使用。

(五) 相邻建筑物发生火灾时,也应停梯,以避免因火灾停电造成困人事故。

第十四条 应对地震的应急措施:

(一) 已发布地震预报的,应根据地方人民政府发布的紧急处理措施,决定电梯是否停止,何时停止。

(二) 震前没有发出临震预报而突然发生震级和强度较大的地震,一旦有震感应当立即就近停梯,乘客迅速离开电梯轿厢。

(三) 地震后应当由专业人员对电梯进行检查和试运行,正常后方可恢复使用。

第十五条 发生湿水时,在对建筑设施及时采取堵漏措施的同时,应当采取以下应急措施:

(一)当楼层发生水淹而使井道或底坑进水时,应当将电梯轿厢停于进水层站的上二层,停梯断电,以防止电梯轿厢进水。

(二)当底坑井道或机房进水较多,应当立即停梯,断开总电源开关,防止发生短路、触电等事故。

(三)对湿水电梯应当进行除湿处理。确认湿水消除,并经试梯无异常后,方可恢复使用。

(四)电梯恢复使用后,要详细填写湿水检查报告,对湿水原因、处理方法、防范措施等记录清楚并存档。"

9.9 抗震减灾

9.9.1 《防震减灾法》规定:

"第八条 任何单位和个人都有依法参加防震减灾活动的义务。

……"

"第二十九条 国家对地震预报意见实行统一发布制度。

全国范围内的地震长期和中期预报意见,由国务院发布。省、自治区、直辖市行政区域内的地震预报意见,由省、自治区、直辖市人民政府按照国务院规定的程序发布。

除发表本人或者本单位对长期、中期地震活动趋势的研究成果及进行相关学术交流外,任何单位和个人不得向社会散布地震预测意见。任何单位和个人不得向社会散布地震预报意见及其评审结果。"

"第三十五条 新建、扩建、改建建设工程,应当达到抗震设防要求。

重大建设工程和可能发生严重次生灾害的建设工程,应当按照国务院有关规定进行地震安全性评价,并按照经审定的地震安全性评价报告所确定的抗震设防要求进行抗震设防。建设工程的地震安全性评价单位应当按照国家有关标准进行地震安全性评价，并对地震安全性评价报告的质量负责。

前款规定以外的建设工程，应当按照地震烈度区划图或者地震动参数区划图所确定的抗震设防要求进行抗震设防；对学校、医院等人员密集场所的建设工程，应当按照高于当地房屋建筑的抗震设防要求进行设计和施工，采取有效措施，增强抗震设防能力。"

"第四十四条 ……

学校应当进行地震应急知识教育，组织开展必要的地震应急救援演练，培养学生的安全意识和自救互救能力。

……

国务院地震工作主管部门和县级以上地方人民政府负责管理地震工作的部门或者机构，应当指导、协助、督促有关单位做好防震减灾知识的宣传教育和地震应急救援演练等工作。"

"第八十八条 违反本法规定，向社会散布地震预测意见、地震预报意见及其评审结果，或者在地震灾后过渡性安置、地震灾后恢复重建中扰乱社会秩序，构成违反治安管理行为的，由公安机关依法给予处罚。"

"第九十二条 本法下列用语的含义：

……

（三）重大建设工程，是指对社会有重大价值或者有重大影响的工程。

（四）可能发生严重次生灾害的建设工程，是指受地震破坏后可能引发水灾、火灾、爆炸，或者剧毒、强腐蚀性、放射性物质大量泄漏，以及其他严重次生灾害的建设工程，包括水库大坝和贮油、贮气设施，贮存易燃易爆或者剧毒、强腐蚀性、放射性物质的设施，以及其他可能发生严重次生灾害的建设工程。

（五）地震烈度区划图，是指以地震烈度（以等级表示的地震影响强弱程度）为指标，将全国划分为不同抗震设防要求区域的图件。

（六）地震动参数区划图，是指以地震动参数（以加速度表示地震作用强弱程度）为指标，将全国划分为不同抗震设防要求区域的图件。

……"

9.9.2 《抗震管理规定》规定：

"第十一条 产权人和使用人不得擅自变动或者破坏房屋建筑抗震构件、隔震装置、减震部件或者地震反应观测系统等抗震设施。"

"第十六条 已按工程建设标准进行抗震设计或抗震加固的房屋建筑工程在合理使用年限内，因各种人为因素使房屋建筑工程抗震能力受损的，或者因改变原设计使用性质，导致荷载增加或需提高抗震设防类别的，产权人应当委托有相应资质的单位进行抗震验算、修复或加固。需要进行工程检测的，应由委托具有相应资质的单位进行检测。"

"第二十四条 任何单位和个人对房屋建筑工程的抗震设防质量问题都有权检举和投诉。"

"第二十六条 违反本规定，擅自变动或者破坏房屋建筑抗震构件、隔震装置、减震部件或者地震反应观测系统等抗震设施的，由县级以上地方人民政府建设主管部门责令限期改正，并对个人处以1000元以下罚款，对单位处以1万元以上3万元以下罚款。

第二十七条 违反本规定，未对抗震能力受损、荷载增加或者需提高抗震设防类别的房屋建筑工程，进行抗震验算、修复和加固的，由县级以上地方人民政府建设主管部门责令限期改正，逾期不改的，处以1万元以下罚款。"

9.10 消防

9.10.1 《消防法》规定：

"第五条 任何单位和个人都有维护消防安全、保护消防设施、预防火灾、报告火警的义务。任何单位和成年人都有参加有组织的灭火工作的义务。

住宅区的物业服务企业应当对管理区域内的共用消防设施进行维护管理，提供消防安全防范服务。"

"第二十八条　任何单位、个人不得损坏、挪用或者擅自拆除、停用消防设施、器材，不得埋压、圈占、遮挡消火栓或者占用防火间距，不得占用、堵塞、封闭疏散通道、安全出口、消防车通道。人员密集场所的门窗不得设置影响逃生和灭火救援的障碍物。"

"第二十九条　负责公共消防设施维护管理的单位，应当保持消防供水、消防通信、消防车通道等公共消防设施的完好有效。在修建道路以及停电、停水、截断通信线路时有可能影响消防队灭火救援的，有关单位必须事先通知当地公安机关消防机构。"

"第四十四条　任何人发现火灾都应当立即报警。任何单位、个人都应当无偿为报警提供便利，不得阻拦报警。严禁谎报火警。

……"

"第七十三条　本法下列用语的含义：

（一）消防设施，是指火灾自动报警系统、自动灭火系统、消火栓系统、防烟排烟系统以及应急广播和应急照明、安全疏散设施等。

……"

9.10.2　《消防监督检查》规定：

"第三条　……

公安派出所可以对居民住宅区的物业服务企业、居民委员会、村民委员会履行消防安全职责的情况和上级公安机关确定的单位实施日常消防监督检查。

……"

"第三十条　公安派出所对居民委员会、村民委员会进行日常消防监督检查，应当检查下列内容：

（一）消防安全管理人是否确定；

（二）消防安全工作制度、村（居）民防火安全公约是否制定；

（三）是否开展消防宣传教育、防火安全检查；

（四）是否对社区、村庄消防水源（消火栓）、消防车通道、消防器材进行维护管理；

（五）是否建立志愿消防队等多种形式消防组织。

第三十一条 公安派出所民警在日常消防监督检查时，发现被检查单位有下列行为之一的，应当责令依法改正：

（一）未制定消防安全制度、未组织防火检查和消防安全教育培训、消防演练的；

（二）占用、堵塞、封闭疏散通道、安全出口的；

（三）占用、堵塞、封闭消防车通道，妨碍消防车通行的；

（四）埋压、圈占、遮挡消火栓或者占用防火间距的；

（五）室内消火栓、灭火器、疏散指示标志和应急照明未保持完好有效的；

（六）人员密集场所在门窗上设置影响逃生和灭火救援的障碍物的；

……

（九）生产、储存和经营易燃易爆危险品的场所与居住场所设置在同一建筑物内的；

（十）未对建筑消防设施定期进行全面检测的。"

（按：由于车位紧张，或业主不及时购买地下车库，造成地面停车拥挤，从而妨碍消防车通行的现象较为普遍。）

9.11 环境保护

9.11.1 《环境保护法》规定：

"**第二条** 本法所称环境，是指影响人类生存和发展的各种天然的和经过人工改造的自然因素的总体，包括大气、水、海洋、土地、矿藏、森林、草原、野生生物、自然遗迹、人文遗迹、自然保护区、风景名胜区、城市和乡村等。"

"**第六条** 一切单位和个人都有保护环境的义务,并有权对污染和破坏环境的单位和个人进行检举和控告。"

"**第二十四条** 产生环境污染和其他公害的单位,必须把环境保护工作纳入计划,建立环境保护责任制度;采取有效措施,防治在生产建设或者其他活动中产生的废气、废水、废渣、粉尘、恶臭气体、放射性物质以及噪声、振动、电磁波辐射等对环境的污染和危害。"

"**第三十一条** 因发生事故或者其他突然性事件,造成或者可能造成污染事故的单位,必须立即采取措施处理,及时通报可能受到污染危害的单位和居民,并向当地环境保护行政主管部门和有关部门报告,接受调查处理。"

可能发生重大污染事故的企业事业单位,应当采取措施,加强防范。

"**第四十一条** 造成环境污染危害的,有责任排除危害,并对直接受到损害的单位或者个人赔偿损失。

赔偿责任和赔偿金额的纠纷,可以根据当事人的请求,由环境保护行政主管部门或者其他依照法律规定行使环境监督管理权的部门处理;当事人对处理决定不服的,可以向人民法院起诉。当事人也可以直接向人民法院起诉。"

9.11.2 《固体污染防治法》规定:

"**第九条** 任何单位和个人都有保护环境的义务,并有权对造成固体废物污染环境的单位和个人进行检举和控告。"

"**第十六条** 产生固体废物的单位和个人,应当采取措施,防止或者减少固体废物对环境的污染。"

"**第四十八条** 从事城市新区开发、旧区改建和住宅小区开发建设的单位,以及机场、码头、车站、公园、商店等公共设施、场所的经营管理单位,应当按照国家有关环境卫生的规定,配套建设生活垃圾收集设施。"

"**第七十四条** 违反本法有关城市生活垃圾污染环境防治的规定,有下列行为之一的,由县级以上地方人民政府环境卫生行政主管部门责令停止违法行为，限期改正，处以罚款：

（一）随意倾倒、抛撒或者堆放生活垃圾的；

……

（五）在运输过程中沿途丢弃、遗撒生活垃圾的。

……个人有前款第一项、第五项行为之一的，处二百元以下的罚款。"

"**第八十四条** 受到固体废物污染损害的单位和个人，有权要求依法赔偿损失。

赔偿责任和赔偿金额的纠纷，可以根据当事人的请求，由环境保护行政主管部门或者其他固体废物污染环境防治工作的监督管理部门调解处理；调解不成的，当事人可以向人民法院提起诉讼。当事人也可以直接向人民法院提起诉讼。

国家鼓励法律服务机构对固体废物污染环境诉讼中的受害人提供法律援助。"

"**第八十五条** 造成固体废物污染环境的，应当排除危害，依法赔偿损失，并采取措施恢复环境原状。"

9.11.3 《大气污染防治法》规定：

"**第五条** 任何单位和个人都有保护大气环境的义务，并有权对污染大气环境的单位和个人进行检举和控告。"

"**第二十条** 单位因发生事故或者其他突发性事件，排放和泄漏有毒有害气体和放射性物质，造成或者可能造成大气污染事故、危害人体健康的，必须立即采取防治大气污染危害的应急措施，通报可能受到大气污染危害的单位和居民，并报告当地环境保护行政主管部门，接受调查处理。

在大气受到严重污染，危害人体健康和安全的紧急情况下，当地人民政府应当及时向当地居民公告，采取强制性应急措施，包括责令有关排污单位停止排放污染物。"

"**第三十六条** 向大气排放粉尘的排污单位，必须采取除尘措施。

严格限制向大气排放含有毒物质的废气和粉尘；确需排放

的,必须经过净化处理,不超过规定的排放标准。"

"**第四十条** 向大气排放恶臭气体的排污单位,必须采取措施防止周围居民区受到污染。

第四十一条 在人口集中地区和其他依法需要特殊保护的区域内,禁止焚烧沥青、油毡、橡胶、塑料、皮革、垃圾以及其他产生有毒有害烟尘和恶臭气体的物质。

……"

"**第四十四条** 城市饮食服务业的经营者,必须采取措施,防治油烟对附近居民的居住环境造成污染。"

"**第六十二条** 造成大气污染危害的单位,有责任排除危害,并对直接遭受损失的单位或者个人赔偿损失。

赔偿责任和赔偿金额的纠纷,可以根据当事人的请求,由环境保护行政主管部门调解处理;调解不成的,当事人可以向人民法院起诉。当事人也可以直接向人民法院起诉。"

9.11.4 《噪声污染防治法》规定:

"**第二条** 本法所称环境噪声,是指在工业生产、建筑施工、交通运输和社会生活中所产生的干扰周围生活环境的声音。

本法所称环境噪声污染,是指所产生的环境噪声超过国家规定的环境噪声排放标准,并干扰他人正常生活、工作和学习的现象。"

"**第七条** 任何单位和个人都有保护声环境的义务,并有权对造成环境噪声污染的单位和个人进行检举和控告。"

"**第四十四条** 禁止在商业经营活动中使用高音广播喇叭或者采用其他发出高噪声的方法招揽顾客。

在商业经营活动中使用空调器、冷却塔等可能产生环境噪声污染的设备、设施的,其经营管理者应当采取措施,使其边界噪声不超过国家规定的环境噪声排放标准。"

"**第四十六条** 使用家用电器、乐器或者进行其他家庭室内娱乐活动时,应当控制音量或者采取其他有效措施,避免对周围居民造成环境噪声污染。

第四十七条 在已竣工交付使用的住宅楼进行室内装修活动,应当限制作业时间,并采取其他有效措施,以减轻、避免对周围居民造成环境噪声污染。"

"**第六十一条** 受到环境噪声污染危害的单位和个人,有权要求加害人排除危害;造成损失的,依法赔偿损失。

赔偿责任和赔偿金额的纠纷,可以根据当事人的请求,由环境保护行政主管部门或者其他环境噪声污染防治工作的监督管理部门、机构调解处理;调解不成的,当事人可以向人民法院起诉。当事人也可以直接向人民法院起诉。"

9.11.5 《最高院关于环境污染案件解释》规定:

"**第四条** 实施刑法第三百三十八条、第三百三十九条规定的犯罪行为,具有下列情形之一的,应当酌情从重处罚:

……

(三)在医院、学校、居民区等人口集中地区及其附近,违反国家规定排放、倾倒、处置有放射性的废物、含传染病病原体的废物、有毒物质或者其他有害物质的;

(四)在限期整改期间,违反国家规定排放、倾倒、处置有放射性的废物、含传染病病原体的废物、有毒物质或者其他有害物质的。

……"

9.12 市政工程

9.12.1 《城镇燃气管理条例》规定:

"**第二条** 城镇燃气发展规划与应急保障、燃气经营与服务、燃气使用、燃气设施保护、燃气安全事故预防与处理及相关管理活动,适用本条例。

天然气、液化石油气的生产和进口,城市门站以外的天然气管道输送,燃气作为工业生产原料的使用,沼气、秸秆气的生产和使用,不适用本条例。

本条例所称燃气,是指作为燃料使用并符合一定要求的气体燃料，包括天然气（含煤层气）、液化石油气和人工煤气等。

第三条 燃气工作应当坚持统筹规划、保障安全、确保供应、规范服务、节能高效的原则。"

"第二十七条 燃气用户应当遵守安全用气规则，使用合格的燃气燃烧器具和气瓶，及时更换国家明令淘汰或者使用年限已届满的燃气燃烧器具、连接管等，并按照约定期限支付燃气费用。

单位燃气用户还应当建立健全安全管理制度，加强对操作维护人员燃气安全知识和操作技能的培训。

第二十八条 燃气用户及相关单位和个人不得有下列行为：

（一）擅自操作公用燃气阀门；

（二）将燃气管道作为负重支架或者接地引线；

（三）安装、使用不符合气源要求的燃气燃烧器具；

（四）擅自安装、改装、拆除户内燃气设施和燃气计量装置；

（五）在不具备安全条件的场所使用、储存燃气；

（六）盗用燃气；

（七）改变燃气用途或者转供燃气。

第二十九条 燃气用户有权就燃气收费、服务等事项向燃气经营者进行查询，燃气经营者应当自收到查询申请之日起5个工作日内予以答复。

燃气用户有权就燃气收费、服务等事项向县级以上地方人民政府价格主管部门、燃气管理部门以及其他有关部门进行投诉，有关部门应当自收到投诉之日起15个工作日内予以处理。

第三十条 安装、改装、拆除户内燃气设施的，应当按照国家有关工程建设标准实施作业。

第三十一条 燃气管理部门应当向社会公布本行政区域内的燃气种类和气质成分等信息。

燃气燃烧器具生产单位应当在燃气器具上明确标识所适应的燃气种类。"

"第三十六条 任何单位和个人不得侵占、毁损、擅自拆除或者移动燃气设施，不得毁损、覆盖、涂改、擅自拆除或者移动燃气设施安全警示标志。

任何单位和个人发现有可能危及燃气设施和安全警示标志的行为，有权予以劝阻、制止；经劝阻、制止无效的，应当立即告知燃气经营者或者向燃气管理部门、安全生产监督管理部门和公安机关报告。"

"**第四十条** 任何单位和个人发现燃气安全事故或者燃气安全事故隐患等情况，应当立即告知燃气经营者，或者向燃气管理部门、公安机关消防机构等有关部门和单位报告。"

"**第四十九条** 违反本条例规定，燃气用户及相关单位和个人有下列行为之一的，由燃气管理部门责令限期改正；逾期不改正的，对单位可以处10万元以下罚款，对个人可以处1000元以下罚款；造成损失的，依法承担赔偿责任；构成犯罪的，依法追究刑事责任：

（一）擅自操作公用燃气阀门的；

（二）将燃气管道作为负重支架或者接地引线的；

（三）安装、使用不符合气源要求的燃气燃烧器具的；

（四）擅自安装、改装、拆除户内燃气设施和燃气计量装置的；

（五）在不具备安全条件的场所使用、储存燃气的；

（六）改变燃气用途或者转供燃气的；

（七）未设立售后服务站点或者未配备经考核合格的燃气燃烧器具安装、维修人员的；

（八）燃气燃烧器具的安装、维修不符合国家有关标准的。

盗用燃气的，依照有关治安管理处罚的法律规定进行处罚。"

"**第五十一条** 违反本条例规定，侵占、毁损、擅自拆除、移动燃气设施或者擅自改动市政燃气设施的，由燃气管理部门责令限期改正，恢复原状或者采取其他补救措施，对单位处5万元以上10万元以下罚款，对个人处5000元以上5万元以下罚款；造成损失的，依法承担赔偿责任；构成犯罪的，依法追究刑事责任。

违反本条例规定，毁损、覆盖、涂改、擅自拆除或者移动燃气设施安全警示标志的，由燃气管理部门责令限期改正，恢复原状，可以处5000元以下罚款。"

"第五十三条 本条例下列用语的含义：

（一）燃气设施，是指人工煤气生产厂、燃气储配站、门站、气化站、混气站、加气站、灌装站、供应站、调压站、市政燃气管网等的总称，包括市政燃气设施、建筑区划内业主专有部分以外的燃气设施以及户内燃气设施等。

（二）燃气燃烧器具，是指以燃气为燃料的燃烧器具，包括居民家庭和商业用户所使用的燃气灶、热水器、沸水器、采暖器、空调器等器具。"

9.12.2 《城市窨井盖安全管理》规定：

"三、落实井盖管理责任主体。按照"谁所有、谁负责"的原则，认真落实井盖的维修、养护和管理责任。所有权人、管理人、使用人之间有约定管理责任的，由约定的责任人负责维修、养护和管理。城市供水、排水、燃气、热力、房产（物业）、电力、电信、广播电视等井盖主管部门（管理单位）要按照各自职责，承担各自井盖的管理责任，落实井盖安全管理的各项管理制度。"

"五、建立健全井盖巡护责任制度。井盖管理单位要强化日常运行及施工维护时的监测监控、预报预警，配备专门人员对井盖进行日常巡护，发现井盖安全隐患及时处理，确保其处于良好状态。要配合公安机关严厉打击偷盗、破坏井盖的行为。针对井盖可能存在的各类安全事故，制订专项预案，建立应急工作机制，落实应急保障措施和人员，组织培训并定期演练，切实提高事故防范和应急处置能力。"

（按：窨井盖缺失或损坏极易损害行人和车辆，需及时发现和更换。）

10 业主、业主大会和业主委员会

10.1 业主

10.1.1 《物业管理条例》规定：

"**第六条** 房屋的所有权人为业主。

业主在物业管理活动中，享有下列权利：

（一）按照物业服务合同的约定，接受物业服务企业提供的服务；

（二）提议召开业主大会会议，并就物业管理的有关事项提出建议；

（三）提出制定和修改管理规约、业主大会议事规则的建议；

（四）参加业主大会会议，行使投票权；

（五）选举业主委员会成员，并享有被选举权；

（六）监督业主委员会的工作；

（七）监督物业服务企业履行物业服务合同；

（八）对物业共用部位、共用设施设备和相关场地使用情况享有知情权和监督权；

（九）监督物业共用部位、共用设施设备专项维修资金（以下简称专项维修资金）的管理和使用；

（十）法律、法规规定的其他权利。

第七条 业主在物业管理活动中，履行下列义务：

（一）遵守管理规约、业主大会议事规则；

（二）遵守物业管理区域内物业共用部位和共用设施设备的使用、公共秩序和环境卫生的维护等方面的规章制度；

（三）执行业主大会的决定和业主大会授权业主委员会作出的决定；

（四）按照国家有关规定交纳专项维修资金；

（五）按时交纳物业服务费用；

（六）法律、法规规定的其他义务。"

"**第十一条** 下列事项由业主共同决定：

（一）制定和修改业主大会议事规则；

（二）制定和修改管理规约；

（三）选举业主委员会或者更换业主委员会成员；

（四）选聘和解聘物业服务企业；

（五）筹集和使用专项维修资金；

（六）改建、重建建筑物及其附属设施；

（七）有关共有和共同管理权利的其他重大事项。"

"**第四十八条** 物业使用人在物业管理活动中的权利义务由业主和物业使用人约定，但不得违反法律、法规和管理规约的有关规定。

物业使用人违反本条例和管理规约的规定，有关业主应当承担连带责任。"

"**第六十八条** 业主以业主大会或者业主委员会的名义，从事违反法律、法规的活动，构成犯罪的，依法追究刑事责任；尚不构成犯罪的，依法给予治安管理处罚。"

10.1.2 《物业承接查验办法》规定：

"**第三十五条** ……

物业承接查验档案属于全体业主所有。……"

"**第四十一条** 物业承接查验活动，业主享有知情权和监督权。物业所在地房地产行政主管部门应当及时处理业主对建设单位和物业服务企业承接查验行为的投诉。"

10.1.3 《业主会指导规则》规定：

"**第十三条** 依法登记取得或者根据物权法第二章第三节规定取得建筑物专有部分所有权的人，应当认定为业主。

基于房屋买卖等民事法律行为，已经合法占有建筑物专有部分，但尚未依法办理所有权登记的人，可以认定为业主。

业主的投票权数由专有部分面积和业主人数确定。"

（按：依法登记取得或者依据生效法律文书、继承或者受遗赠，以及合法建造房屋等事实行为取得专有部分所有权的人，应当认定为业主。这是界定业主身份的一般规则。

但在现实生活中，基于与建设单位之间的商品房买卖民事法律行为，房屋买受人在已经合法占有使用专有部分的情况下，仍未依法办理所有权登记的情形大量存在。在此情况下，如果仅以是否已经依法登记取得所有权作为界定业主身份的标准，将与现实生活产生冲突，并有可能对前述人群应当享有的权利造成损害。因此，本条规定已经合法占有建筑物专有部分，但尚未依法办理所有权登记的人，可以认定为业主。）

"**第六十条** 业主不得擅自以业主大会或者业主委员会的名义从事活动。业主以业主大会或者业主委员会的名义，从事违反法律、法规的活动，构成犯罪的，依法追究刑事责任；尚不构成犯罪的，依法给予治安管理处罚。"

10.2 业主大会

10.2.1 《物业管理条例》规定：

"**第八条** 物业管理区域内全体业主组成业主大会。

业主大会应当代表和维护物业管理区域内全体业主在物业管理活动中的合法权益。"

（按：本条为业主大会的组成与宗旨。）

第九条 一个物业管理区域成立一个业主大会。

物业管理区域的划分应当考虑物业的共用设施设备、建筑物规模、社区建设等因素。具体办法由省、自治区、直辖市制定。

第十条 同一个物业管理区域内的业主，应当在物业所在地的区、县人民政府房地产行政主管部门或者街道办事处、乡镇人民政府的指导下成立业主大会，并选举产生业主委员会。但是，只有一个业主的，或者业主人数较少且经全体业主一致同意，决定不成立业主大会的，由业主共同履行业主大会、业主委员会职责。"

（按：本条是对成立业主大会的规定，主体是业主。成立业主大会是业主选择物业自我管理的一种形式，但不是唯一的形式。）

"**第十二条** ……

业主可以委托代理人参加业主大会会议。

业主大会决定本条例第十一条第（五）项和第（六）项规定的事项，应当经专有部分占建筑物总面积2/3以上的业主且占总人数2/3以上的业主同意；决定本条例第十一条规定的其他事项，应当经专有部分占建筑物总面积过半数的业主且占总人数过半数的业主同意。

业主大会或者业主委员会的决定，对业主具有约束力。

业主大会或者业主委员会作出的决定侵害业主合法权益的，受侵害的业主可以请求人民法院予以撤销。"

（按：召开业主大会通常采用召集全体业主集体讨论的形式，但在业主人数较多的情况下可以考虑其他诸如书面征求意见的形式，以避免拘泥某种形式，而拖延会议召开。

物业管理实施的是业主自治的原则，业主可以按少数服从多数原则自主决定自治范围内的各种事项，少数业主应该自觉服从业主大会通过的决议，否则业主自治将无法实现。但业主大会的决议不得损害业主的权益。）

第十三条 业主大会会议分为定期会议和临时会议。

业主大会定期会议应当按照业主大会议事规则的规定召开。经20%以上的业主提议，业主委员会应当组织召开业主大会临时会议。

第十四条 召开业主大会会议，应当于会议召开15日以前通知全体业主。

住宅小区的业主大会会议，应当同时告知相关的居民委员会。

业主委员会应当做好业主大会会议记录。"

"**第十八条** 业主大会议事规则应当就业主大会的议事方式、表决程序、业主委员会的组成和成员任期等事项作出约定。"

（按：业主大会议事规则是业主大会组织、运作的规程，是对业主大会宗旨、组织体制、活动方式、成员的权利义务等内容进行记载的自律性文件。业主大会、业主委员会和所属的成员都必须严格遵守。除条文中列举的事项外，还可以对其他有关业主大会活动的事项作出规定。）

10.2.2 《业主会指导规则》规定：

"**第二条** 业主大会由物业管理区域内的全体业主组成，代表和维护物业管理区域内全体业主在物业管理活动中的合法权利，履行相应的义务。"

"**第七条** 业主大会根据物业管理区域的划分成立，一个物业管理区域成立一个业主大会。

只有一个业主的，或者业主人数较少且经全体业主同意，不成立业主大会的，由业主共同履行业主大会、业主委员会职责。

第八条 物业管理区域内，已交付的专有部分面积超过建筑物总面积50％时，建设单位应当按照物业所在地的区、县房地产行政主管部门或者街道办事处、乡镇人民政府的要求，及时报送下列筹备首次业主大会会议所需的文件资料：

（一）物业管理区域证明；

（二）房屋及建筑物面积清册；

（三）业主名册；

（四）建筑规划总平面图；

（五）交付使用共用设施设备的证明；

（六）物业服务用房配置证明；

（七）其他有关的文件资料。"

"**第十条** 首次业主大会会议筹备组由业主代表、建设单位代表、街道办事处、乡镇人民政府代表和居民委员会代表组成。筹备组成员人数应为单数，其中业主代表人数不低于筹备组总人数的一半，筹备组组长由街道办事处、乡镇人民政府代表担任。

第十一条 筹备组中业主代表的产生,由街道办事处、乡镇人民政府或者居民委员会组织业主推荐。

筹备组应当将成员名单以书面形式在物业管理区域内公告。业主对筹备组成员有异议的,由街道办事处、乡镇人民政府协调解决。

建设单位和物业服务企业应当配合协助筹备组开展工作。

第十二条 筹备组应当做好以下筹备工作:

(一)确认并公示业主身份、业主人数以及所拥有的专有部分面积;

(二)确定首次业主大会会议召开的时间、地点、形式和内容;

(三)草拟管理规约、业主大会议事规则;

(四)依法确定首次业主大会会议表决规则;

(五)制定业主委员会委员候选人产生办法,确定业主委员会委员候选人名单;

(六)制定业主委员会选举办法;

(七)完成召开首次业主大会会议的其他准备工作。

前款内容应当在首次业主大会会议召开 15 日前以书面形式在物业管理区域内公告。业主对公告内容有异议的,筹备组应当记录并作出答复。"

"第十五条 筹备组应当自组成之日起 90 日内完成筹备工作,组织召开首次业主大会会议。

业主大会自首次业主大会会议表决通过管理规约、业主大会议事规则,并选举产生业主委员会之日起成立。"

第十六条 划分为一个物业管理区域的分期开发的建设项目,先期开发部分符合条件的,可以成立业主大会,选举产生业主委员会。首次业主大会会议应当根据分期开发的物业面积和进度等因素,在业主大会议事规则中明确增补业主委员会委员的办法。

第十七条 业主大会决定以下事项:

(一)制定和修改业主大会议事规则;
(二)制定和修改管理规约;
(三)选举业主委员会或者更换业主委员会委员;
(四)制定物业服务内容、标准以及物业服务收费方案;
(五)选聘和解聘物业服务企业;
(六)筹集和使用专项维修资金;
(七)改建、重建建筑物及其附属设施;
(八)改变共有部分的用途;
(九)利用共有部分进行经营以及所得收益的分配与使用;
(十)法律法规或者管理规约确定应由业主共同决定的事项。"

"第十九条 业主大会议事规则应当对下列主要事项作出规定:
(一)业主大会名称及相应的物业管理区域;
(二)业主委员会的职责;
(三)业主委员会议事规则;
(四)业主大会会议召开的形式、时间和议事方式;
(五)业主投票权数的确定方法;
(六)业主代表的产生方式;
(七)业主大会会议的表决程序;
(八)业主委员会委员的资格、人数和任期等;
(九)业主委员会换届程序、补选办法等;
(十)业主大会、业主委员会工作经费的筹集、使用和管理;
(十一)业主大会、业主委员会印章的使用和管理。

第二十条 业主拒付物业服务费,不缴存专项维修资金以及实施其他损害业主共同权益行为的,业主大会可以在管理规约和业主大会议事规则中对其共同管理权的行使予以限制。

第二十一条 业主大会会议分为定期会议和临时会议。

业主大会定期会议应当按照业主大会议事规则的规定由业主委员会组织召开。

有下列情况之一的,业主委员会应当及时组织召开业主大会临时会议:

(一)经专有部分占建筑物总面积20%以上且占总人数20%以上业主提议的;

(二)发生重大事故或者紧急事件需要及时处理的;

(三)业主大会议事规则或者管理规约规定的其他情况。

第二十二条 业主大会会议可以采用集体讨论的形式,也可以采用书面征求意见的形式;但应当有物业管理区域内专有部分占建筑物总面积过半数的业主且占总人数过半数的业主参加。

采用书面征求意见形式的,应当将征求意见书送交每一位业主;无法送达的,应当在物业管理区域内公告。凡需投票表决的,表决意见应由业主本人签名。

第二十三条 业主大会确定业主投票权数,可以按照下列方法认定专有部分面积和建筑物总面积:

(一)专有部分面积按照不动产登记簿记载的面积计算;尚未进行登记的,暂按测绘机构的实测面积计算;尚未进行实测的,暂按房屋买卖合同记载的面积计算;

(二)建筑物总面积,按照前项的统计总和计算。

第二十四条 业主大会确定业主投票权数,可以按照下列方法认定业主人数和总人数:

(一)业主人数,按照专有部分的数量计算,一个专有部分按一人计算。但建设单位尚未出售和虽已出售但尚未交付的部分,以及同一买受人拥有一个以上专有部分的,按一人计算;

(二)总人数,按照前项的统计总和计算。"

第二十五条 业主大会应当在业主大会议事规则中约定车位、摊位等特定空间是否计入用于确定业主投票权数的专有部分面积。

一个专有部分有两个以上所有权人的,应当推选一人行使表决权,但共有人所代表的业主人数为一人。

业主为无民事行为能力人或者限制民事行为能力人的,由其法定监护人行使投票权。

第二十六条 业主因故不能参加业主大会会议的,可以书面委托代理人参加业主大会会议。

未参与表决的业主,其投票权数是否可以计入已表决的多数票,由管理规约或者业主大会议事规则规定。

第二十七条 物业管理区域内业主人数较多的,可以幢、单元、楼层为单位,推选一名业主代表参加业主大会会议,推选及表决办法应当在业主大会议事规则中规定。

第二十八条 业主可以书面委托的形式,约定由其推选的业主代表在一定期限内代其行使共同管理权,具体委托内容、期限、权限和程序由业主大会议事规则规定。

第二十九条 业主大会会议决定筹集和使用专项维修资金以及改造、重建建筑物及其附属设施的,应当经专有部分占建筑物总面积三分之二以上的业主且占总人数三分之二以上的业主同意;决定本规则第十七条规定的其他共有和共同管理权利事项的,应当经专有部分占建筑物总面积过半数且占总人数过半数的业主同意。

第三十条 业主大会会议应当由业主委员会作出书面记录并存档。

业主大会的决定应当以书面形式在物业管理区域内及时公告"。

10.3 业主委员会

10.3.1 《物业管理条例》规定:

"**第十五条** 业主委员会执行业主大会的决定事项,履行下列职责:

(一)召集业主大会会议,报告物业管理的实施情况;

(二)代表业主与业主大会选聘的物业服务企业签订物业服务合同;

(三)及时了解业主、物业使用人的意见和建议,监督和协助物业服务企业履行物业服务合同；

（四）监督管理规约的实施；

（五）业主大会赋予的其他职责。

（按：本条将业主委员会明确为业主大会的常设性执行机构，从而建立业主决策机构和执行机构分离的管理模式。）

第十六条　业主委员会应当自选举产生之日起 30 日内，向物业所在地的区、县人民政府房地产行政主管部门和街道办事处、乡镇人民政府备案。

业主委员会委员应当由热心公益事业、责任心强、具有一定组织能力的业主担任。

业主委员会主任、副主任在业主委员会成员中推选产生。"

"第三十五条　业主委员会应当与业主大会选聘的物业服务企业订立书面的物业服务合同。

物业服务合同应当对物业管理事项、服务质量、服务费用、双方的权利义务、专项维修资金的管理与使用、物业管理用房、合同期限、违约责任等内容进行约定。"

10.3.2　《业主会指导规则》规定：

"第三条　业主委员会由业主大会依法选举产生，履行业主大会赋予的职责，执行业主大会决定的事项，接受业主的监督。"

"第十四条　业主委员会委员候选人由业主推荐或者自荐。筹备组应当核查参选人的资格，根据物业规模、物权份额、委员的代表性和广泛性等因素，确定业主委员会委员候选人名单。"

"第三十一条　业主委员会由业主大会会议选举产生，由 5 至 11 人单数组成。业主委员会委员应当是物业管理区域内的业主，并符合下列条件：

（一）具有完全民事行为能力；

（二）遵守国家有关法律、法规；

（三）遵守业主大会议事规则、管理规约，模范履行业主义务；

（四）热心公益事业，责任心强，公正廉洁；

（五）具有一定的组织能力；

（六）具备必要的工作时间。

第三十二条 业主委员会委员实行任期制，每届任期不超过5年，可连选连任，业主委员会委员具有同等表决权。

业主委员会应当自选举之日起7日内召开首次会议，推选业主委员会主任和副主任。

第三十三条 业主委员会应当自选举产生之日起30日内，持下列文件向物业所在地的区、县房地产行政主管部门和街道办事处、乡镇人民政府办理备案手续：

（一）业主大会成立和业主委员会选举的情况；

（二）管理规约；

（三）业主大会议事规则；

（四）业主大会决定的其他重大事项。

第三十四条 业主委员会办理备案手续后，可持备案证明向公安机关申请刻制业主大会印章和业主委员会印章。

业主委员会任期内，备案内容发生变更的，业主委员会应当自变更之日起30日内将变更内容书面报告备案部门。

第三十五条 业主委员会履行以下职责：

（一）执行业主大会的决定和决议；

（二）召集业主大会会议，报告物业管理实施情况；

（三）与业主大会选聘的物业服务企业签订物业服务合同；

（四）及时了解业主、物业使用人的意见和建议，监督和协助物业服务企业履行物业服务合同；

（五）监督管理规约的实施；

（六）督促业主交纳物业服务费及其他相关费用；

（七）组织和监督专项维修资金的筹集和使用；

（八）调解业主之间因物业使用、维护和管理产生的纠纷；

（九）业主大会赋予的其他职责。

第三十六条 业主委员会应当向业主公布下列情况和资料：

（一）管理规约、业主大会议事规则；

（二）业主大会和业主委员会的决定；

（三）物业服务合同；

（四）专项维修资金的筹集、使用情况；

（五）物业共有部分的使用和收益情况；

（六）占用业主共有的道路或者其他场地用于停放汽车车位的处分情况；

（七）业主大会和业主委员会工作经费的收支情况；

（八）其他应当向业主公开的情况和资料。

第三十七条 业主委员会应当按照业主大会议事规则的规定及业主大会的决定召开会议。经三分之一以上业主委员会委员的提议，应当在7日内召开业主委员会会议。

第三十八条 业主委员会会议由主任召集和主持，主任因故不能履行职责，可以委托副主任召集。

业主委员会会议应有过半数的委员出席，作出的决定必须经全体委员半数以上同意。

业主委员会委员不能委托代理人参加会议。

第三十九条 业主委员会应当于会议召开7日前，在物业管理区域内公告业主委员会会议的内容和议程，听取业主的意见和建议。

业主委员会会议应当制作书面记录并存档，业主委员会会议作出的决定，应当有参会委员的签字确认，并自作出决定之日起3日内在物业管理区域内公告。

第四十条 业主委员会应当建立工作档案，工作档案包括以下主要内容：

（一）业主大会、业主委员会的会议记录；

（二）业主大会、业主委员会的决定；

（三）业主大会议事规则、管理规约和物业服务合同；

（四）业主委员会选举及备案资料；

（五）专项维修资金筹集及使用账目；

（六）业主及业主代表的名册；

（七）业主的意见和建议。

第四十一条 业主委员会应当建立印章管理规定，并指定专人保管印章。

使用业主大会印章，应当根据业主大会议事规则的规定或者业主大会会议的决定；使用业主委员会印章，应当根据业主委员会会议的决定。

第四十二条 业主大会、业主委员会工作经费由全体业主承担。工作经费可以由业主分摊，也可以从物业共有部分经营所得收益中列支。工作经费的收支情况，应当定期在物业管理区域内公告，接受业主监督。

工作经费筹集、管理和使用的具体办法由业主大会决定。

第四十三条 有下列情况之一的，业主委员会委员资格自行终止：

（一）因物业转让、灭失等原因不再是业主的；

（二）丧失民事行为能力的；

（三）依法被限制人身自由的；

（四）法律、法规以及管理规约规定的其他情形。

第四十四条 业主委员会委员有下列情况之一的，由业主委员会三分之一以上委员或者持有20％以上投票权数的业主提议，业主大会或者业主委员会根据业主大会的授权，可以决定是否终止其委员资格：

（一）以书面方式提出辞职请求的；

（二）不履行委员职责的；

（三）利用委员资格谋取私利的；

（四）拒不履行业主义务的；

（五）侵害他人合法权益的；

（六）因其他原因不宜担任业主委员会委员的。

第四十五条 业主委员会委员资格终止的，应当自终止之日起3日内将其保管的档案资料、印章及其他属于全体业主所有的财物移交业主委员会。

第四十六条 业主委员会任期内，委员出现空缺时，应当及时补足。业主委员会委员候补办法由业主大会决定或者在业主大会议事规则中规定。业主委员会委员人数不足总数的二分之一时，应当召开业主大会临时会议，重新选举业主委员会。

第四十七条 业主委员会任期届满前3个月，应当组织召开业主大会会议，进行换届选举，并报告物业所在地的区、县房地产行政主管部门和街道办事处、乡镇人民政府。

第四十八条 业主委员会应当自任期届满之日起10日内，将其保管的档案资料、印章及其他属于业主大会所有的财物移交新一届业主委员会。"

10.4 业主大会、业主委员会及指导和监督

10.4.1 《物业管理条例》规定：

"**第十九条** 业主大会、业主委员会应当依法履行职责，不得作出与物业管理无关的决定，不得从事与物业管理无关的活动。

业主大会、业主委员会作出的决定违反法律、法规的，物业所在地的区、县人民政府房地产行政主管部门或者街道办事处、乡镇人民政府，应当责令限期改正或者撤销其决定，并通告全体业主。

（按：街道办事处作为城市人民政府的派出机构，它的行为只能以城市人民政府的名义作出。）

第二十条 业主大会、业主委员会应当配合公安机关，与居民委员会相互协作，共同做好维护物业管理区域内的社会治安等相关工作。

在物业管理区域内，业主大会、业主委员会应当积极配合相关居民委员会依法履行自治管理职责，支持居民委员会开展工作，并接受其指导和监督。

住宅小区的业主大会、业主委员会作出的决定，应当告知相关的居民委员会，并认真听取居民委员会的建议。"

10.4.2 《业主会指导规则》规定:

"**第四条** 业主大会或者业主委员会的决定,对业主具有约束力。

业主大会和业主委员会应当依法履行职责,不得作出与物业管理无关的决定,不得从事与物业管理无关的活动。

第五条 业主大会和业主委员会,对业主损害他人合法权益和业主共同利益的行为,有权依照法律、法规以及管理规约,要求停止侵害、消除危险、排除妨害、赔偿损失。

第六条 物业所在地的区、县房地产行政主管部门和街道办事处、乡镇人民政府负责对设立业主大会和选举业主委员会给予指导和协助,负责对业主大会和业主委员会的日常活动进行指导和监督。"

"**第九条** 符合成立业主大会条件的,区、县房地产行政主管部门或者街道办事处、乡镇人民政府应当在收到业主提出筹备业主大会书面申请后 60 日内,负责组织、指导成立首次业主大会会议筹备组。"

"**第四十九条** 物业所在地的区、县房地产行政主管部门和街道办事处、乡镇人民政府应当积极开展物业管理政策法规的宣传和教育活动,及时处理业主、业主委员会在物业管理活动中的投诉。

第五十条 已交付使用的专有部分面积超过建筑物总面积 50%,建设单位未按要求报送筹备首次业主大会会议相关文件资料的,物业所在地的区、县房地产行政主管部门或者街道办事处、乡镇人民政府有权责令建设单位限期改正。

第五十一条 业主委员会未按业主大会议事规则的规定组织召开业主大会定期会议,或者发生应当召开业主大会临时会议的情况,业主委员会不履行组织召开会议职责的,物业所在地的区、县房地产行政主管部门或者街道办事处、乡镇人民政府可以责令业主委员会限期召开;逾期仍不召开的,可以由物业所在地的居民委员会在街道办事处、乡镇人民政府的指导和监督下组织召开。

第五十二条 按照业主大会议事规则的规定或者三分之一以上委员提议，应当召开业主委员会会议的，业主委员会主任、副主任无正当理由不召集业主委员会会议的，物业所在地的区、县房地产行政主管部门或者街道办事处、乡镇人民政府可以指定业主委员会其他委员召集业主委员会会议。

第五十三条 召开业主大会会议，物业所在地的区、县房地产行政主管部门和街道办事处、乡镇人民政府应当给予指导和协助。

第五十四条 召开业主委员会会议，应当告知相关的居民委员会，并听取居民委员会的建议。

在物业管理区域内，业主大会、业主委员会应当积极配合相关居民委员会依法履行自治管理职责，支持居民委员会开展工作，并接受其指导和监督。

第五十五条 违反业主大会议事规则或者未经业主大会会议和业主委员会会议的决定，擅自使用业主大会印章、业主委员会印章的，物业所在地的街道办事处、乡镇人民政府应当责令限期改正，并通告全体业主；造成经济损失或者不良影响的，应当依法追究责任人的法律责任。

第五十六条 业主委员会委员资格终止，拒不移交所保管的档案资料、印章及其他属于全体业主所有的财物的，其他业主委员会委员可以请求物业所在地的公安机关协助移交。

业主委员会任期届满后，拒不移交所保管的档案资料、印章及其他属于全体业主所有的财物的，新一届业主委员会可以请求物业所在地的公安机关协助移交。

第五十七条 业主委员会在规定时间内不组织换届选举的，物业所在地的区、县房地产行政主管部门或者街道办事处、乡镇人民政府应当责令其限期组织换届选举；逾期仍不组织的，可以由物业所在地的居民委员会在街道办事处、乡镇人民政府的指导和监督下，组织换届选举工作。

第五十八条 因客观原因未能选举产生业主委员会或者业主委员会委员人数不足总数的二分之一的,新一届业主委员会产生之前,可以由物业所在地的居民委员会在街道办事处、乡镇人民政府的指导和监督下,代行业主委员会的职责。

第五十九条 业主大会、业主委员会作出的决定违反法律法规的,物业所在地的区、县房地产行政主管部门和街道办事处、乡镇人民政府应当责令限期改正或者撤销其决定,并通告全体业主。"

"**第六十一条** 物业管理区域内,可以召开物业管理联席会议。物业管理联席会议由街道办事处、乡镇人民政府负责召集,由区、县房地产行政主管部门、公安派出所、居民委员会、业主委员会和物业服务企业等方面的代表参加,共同协调解决物业管理中遇到的问题。

第六十二条 业主自行管理或者委托其他管理人管理物业,成立业主大会,选举业主委员会的,可参照执行本规则。"

11 行政管理

11.1 行政部门管理、指导和监督

11.1.1 《物业管理条例》规定：

"第五条 国务院建设行政主管部门负责全国物业管理活动的监督管理工作。

县级以上地方人民政府房地产行政主管部门负责本行政区域内物业管理活动的监督管理工作。"

"第四十三条 县级以上人民政府价格主管部门会同同级房地产行政主管部门，应当加强对物业服务收费的监督。"

"第四十九条 县级以上地方人民政府房地产行政主管部门应当及时处理业主、业主委员会、物业使用人和物业服务企业在物业管理活动中的投诉。"

"第六十九条 违反本条例的规定，国务院建设行政主管部门、县级以上地方人民政府房地产行政主管部门或者其他有关行政管理部门的工作人员利用职务上的便利，收受他人财物或者其他好处，不依法履行监督管理职责，或者发现违法行为不予查处，构成犯罪的，依法追究刑事责任；尚不构成犯罪的，依法给予行政处分。"

11.1.2 《物业承接查验办法》规定：

"第五条 国务院住房和城乡建设主管部门负责全国物业承接查验活动的指导和监督工作。

县级以上地方人民政府房地产行政主管部门负责本行政区域内物业承接查验活动的指导和监督工作。"

11.1.3 《小区竣工综合验收》规定：

"第三条 国务院建设行政主管部门归口管理全国住宅小区

竣工综合验收工作;

省、自治区人民政府建设行政主管部门归口管理本行政区域内住宅小区竣工综合验收工作;

城市人民政府建设行政主管部门负责组织实施本行政区域内城市住宅小区竣工综合验收工作。"

11.1.4 《房屋质量保修》规定:

"**第五条** 国务院建设行政主管部门负责全国房屋建筑工程质量保修的监督管理。

县级以上地方人民政府建设行政主管部门负责本行政区域内房屋建筑工程质量保修的监督管理。"

11.1.5 《工程质量投诉》规定:

"**第四条** 接待和处理工程质量投诉是各级建设行政主管部门的一项重要日常工作。各级建设行政主管部门要支持和保护群众通过正常渠道、采取正当方式反映工程质量问题。对于工程质量的投诉,要认真对待,妥善处理。

第五条 工程质量投诉处理工作(以下简称"投诉处理工作")应当在各级建设行政主管部门领导下,坚持分级负责、归口办理,及时、就地依法解决的原则。

第六条 建设部负责全国建设工程质量投诉管理工作。国务院各有关主管部门的工程质量投诉受理工作,由各部门根据具体情况指定专门机构负责。省、自治区、直辖市建设行政主管部门指定专门机构,负责受理工程质量的投诉。"

11.1.6 《商品房销售》规定:

"**第五条** 国务院建设行政主管部门负责全国商品房的销售管理工作。

省、自治区人民政府建设行政主管部门负责本行政区域内商品房的销售管理工作。

直辖市、市、县人民政府建设行政主管部门、房地产行政主管部门(以下统称房地产开发主管部门)按照职责分工,负责本行政区域内商品房的销售管理工作。"

11.1.7 《商品房明码标价》规定：

"第四条 各级政府价格主管部门是商品房明码标价的管理机关，依法对商品房经营者执行明码标价和收费公示规定的情况进行监督检查。"

"第十七条 价格主管部门发现商品房经营者明码标价的内容不符合国家相关政策的，要及时移送相关部门处理。

第十八条 省、自治区、直辖市价格主管部门可根据本规定制定商品房销售明码标价实施细则。"

11.1.8 《商品房预售》规定：

"第四条 国务院建设行政主管部门归口管理全国城市商品房预售管理；

省、自治区建设行政主管部门归口管理本行政区域内城市商品房预售管理；

市、县人民政府建设行政主管部门或房地产行政主管部门（以下简称房地产管理部门）负责本行政区域内城市商品房预售管理。"

"第十六条 省、自治区建设行政主管部门、直辖市建设行政主管部门或房地产行政管理部门可以根据本办法制定实施细则。"

11.1.9 《白蚁防治规定》规定：

"第五条 国务院建设行政主管部门负责全国城市房屋白蚁防治的监督管理工作。

省、自治区人民政府建设行政主管部门负责本行政区域内城市房屋白蚁防治的监督管理工作。

直辖市、市、县人民政府房地产行政主管部门负责本行政区域内城市房屋白蚁防治的监督管理工作。"

11.1.10 《民用建筑节能条例》规定：

"第五条 国务院建设主管部门负责全国民用建筑节能的监督管理工作。县级以上地方人民政府建设主管部门负责本行政区域民用建筑节能的监督管理工作。

县级以上人民政府有关部门应当依照本条例的规定以及本级人民政府规定的职责分工，负责民用建筑节能的有关工作。"

"**第八条** 县级以上人民政府应当安排民用建筑节能资金，用于支持民用建筑节能的科学技术研究和标准制定、既有建筑围护结构和供热系统的节能改造、可再生能源的应用，以及民用建筑节能示范工程、节能项目的推广。

政府引导金融机构对既有建筑节能改造、可再生能源的应用，以及民用建筑节能示范工程等项目提供支持。

民用建筑节能项目依法享受税收优惠。"

11.1.11 《完善商品房预售制度》规定：

"（十九）落实监督检查责任制度。各地要强化房地产主管部门管理职能，加强房地产市场执法队伍建设。省级住房和城乡建设主管部门要加强对市、县（区）房地产市场监管工作的指导和检查。市、县（区）房地产主管部门要建立商品住房市场动态监管制度，加强销售现场巡查；建设、规划等部门要按照各自职责加强监管。各部门要加强协作、沟通和配合，建立健全信息共享、情况通报以及违法违规行为的联合查处机制。各地要畅通举报投诉渠道，重视和支持舆论监督，积极妥善处理矛盾纠纷，并及时公布处理结果。

……"

11.1.12 《房产测绘管理办法》规定：

"**第五条** 国务院测绘行政主管部门和国务院建设行政主管部门根据国务院确定的职责分工负责房产测绘及成果应用的监督管理。

省、自治区、直辖市人民政府测绘行政主管部门（以下简称省级测绘行政主管部门）和省、自治区人民政府建设行政主管部门、直辖市人民政府房地产行政主管部门（以下简称省级房地产行政主管部门）根据省、自治区、直辖市人民政府确定的职责分工负责房产测绘及成果应用的监督管理。"

"**第二十四条** 省级房地产行政主管部门和测绘行政主管部

门可以根据本办法制定实施细则。"

11.1.13 《房屋征收与补偿》规定：

"**第四条** 市、县级人民政府负责本行政区域的房屋征收与补偿工作。

市、县级人民政府确定的房屋征收部门（以下称房屋征收部门）组织实施本行政区域的房屋征收与补偿工作。

市、县级人民政府有关部门应当依照本条例的规定和本级人民政府规定的职责分工，互相配合，保障房屋征收与补偿工作的顺利进行。"

第五条 房屋征收部门可以委托房屋征收实施单位，承担房屋征收与补偿的具体工作。房屋征收实施单位不得以营利为目的。

房屋征收部门对房屋征收实施单位在委托范围内实施的房屋征收与补偿行为负责监督，并对其行为后果承担法律责任。

"**第六条** 上级人民政府应当加强对下级人民政府房屋征收与补偿工作的监督。

国务院住房城乡建设主管部门和省、自治区、直辖市人民政府住房城乡建设主管部门应当会同同级财政、国土资源、发展改革等有关部门，加强对房屋征收与补偿实施工作的指导。"

11.1.14 《房屋登记办法》规定：

"**第三条** 国务院建设主管部门负责指导、监督全国的房屋登记工作。

省、自治区、直辖市人民政府建设（房地产）主管部门负责指导、监督本行政区域内的房屋登记工作。"

"**第九十七条** 省、自治区、直辖市人民政府建设（房地产）主管部门可以根据法律、法规和本办法的规定，结合本地实际情况，制定房屋登记实施细则。"

11.1.15 《室内装饰装修》规定：

"**第四条** 国务院建设行政主管部门负责全国住宅室内装饰装修活动的管理工作。

省、自治区人民政府建设行政主管部门负责本行政区域内的住宅室内装饰装修活动的管理工作。

直辖市、市、县人民政府房地产行政主管部门负责本行政区域内的住宅室内装饰装修活动的管理工作。"

11.1.16 《物业承接查验办法》规定：

"**第五条** 国务院住房和城乡建设主管部门负责全国物业承接查验活动的指导和监督工作。

县级以上地方人民政府房地产行政主管部门负责本行政区域内物业承接查验活动的指导和监督工作。"

11.1.17 《业主会指导规则》规定：

"**第六条** 物业所在地的区、县房地产行政主管部门和街道办事处、乡镇人民政府负责对设立业主大会和选举业主委员会给予指导和协助，负责对业主大会和业主委员会的日常活动进行指导和监督。"

"**第六十三条** 物业所在地的区、县房地产行政主管部门与街道办事处、乡镇人民政府在指导、监督业主大会和业主委员会工作中的具体职责分工，按各省、自治区、直辖市人民政府有关规定执行。"

11.1.18 《物业费明码标价》规定：

"**第四条** 政府价格主管部门应当会同同级房地产主管部门对物业服务收费明码标价进行管理。政府价格主管部门对物业管理企业执行明码标价规定的情况实施监督检查。"

11.1.19 《住宅维修资金》：

"**第五条** 国务院建设主管部门会同国务院财政部门负责全国住宅专项维修资金的指导和监督工作。

县级以上地方人民政府建设（房地产）主管部门会同同级财政部门负责本行政区域内住宅专项维修资金的指导和监督工作。"